月明かりの学舎から

川口自主夜間中学と設立運動三十年の歩み

まえがき

やかん

夜間中学はなんであるか
どうやってつくったか
げんいんは
だれがつくったか
ぼくは知りたい

荒川九中二部二年　多胡正光さんの詩
「夜間中学」に出会ったのは　大阪天王寺夜間学級
夜間大学四年生のときに
卒業論文を書くために訪れ
岩井好子先生から紹介された
高野雅夫さんのルンプロ元年「자립（自立）」だ
高野さんと多胡さんは　歳の離れた同級生
卒業後は　夜間中学の増設を求め
全国を行脚し

大阪に　夜間中学の灯を復活させた
語り草の人

二十九歳で結婚と同時に埼玉県民に
一九八五年九月から　設立運動の発足に加わり
十二月から　川口自主夜間中学をスタート
川口市をはじめ　市町村や埼玉県との直接の交渉
県知事や市長　教育長への要望書の提出
JR浦和　川口　大宮など各駅での署名集め
ハンドマイクでの訴え　パンフレット配り
10年　20年　30年　またたく間に　時が過ぎるも
行政の厚い壁を　打ち破ることはできず！
行政の重い腰を　持ち上げることもできず！
「公立」夜間中学校設立の願いは　報われず！

――うちのお父さんはね
　ヤカンを作る工場で働いているんだよ
まわりの人に言っていた娘は

やがて　小学生になり

――お父さんは　夜間中学の先生です
と　これまた真顔で　担任の先生に……
自分の父親が　東京都の技術職員だと知ったのは
川口自主夜間中学の生徒やスタッフと
板橋の遺跡発掘現場の見学に行った時のこと
案内する父親は　黄緑色の作業着にヘルメット姿
やがて小中の義務教育を終えて　高校も卒業
養成所を終えてからは　少ない収入との二人三脚
怪我と隣り合わせの　アクション女優稼業

――夜間中学は　いけんなっちょっとか?
　あたいも　もういっど勉強をすごたいが……
ふるさとの鹿児島に帰ると　いつも言っていたお袋も
もうとっくに　この世にはいない

――わや　まだ夜間中学のことしいちょっとか

見舞いに帰省した時　そう聞いてきた親父も
東日本の太平洋岸を　大地震と巨大津波が襲い
東京電力福島第一原子力発電所が爆発した
一か月前の二月十二日に　九十二歳でお袋のもとへ

共働きだった連れ合いは　幼稚園を退職し
私も定年退職後　五年間の再任用を経て
一般職非常勤として　上野動物園の工事部門に……
家具塗装職人の多胡正光さんの詩を載せた
高野雅夫さんの本をゆずってくれた　岩井好子先生も
お袋や親父と同じように「よみの国」に……

――卒業論文　よう頑張ったね　下手やったけど
39年前の　あのことば残して……
希望　いかり　後悔　あせり
徒労　よわね　怒り　きぼう

ひとつの市町村で設立するのが　むつかしいなら
応分の負担をし合う『共同開設方式』で

――埼玉県民なのに　なぜ夜間中学は東京ですか？
駅頭署名で　ハンドマイクでの訴え
なかなか見えてこない「公立」という目標
埼玉県内の未就学者数４７８７人は
二〇一〇年　国勢調査の結果
これまで　都内の公立夜間中学に
埼玉から　わざわざ通った生徒数　延べ千人以上

――東京まで　わざわざ通うとる　これがすべてやんか
　埼玉　しっかりせなあかんで……
よみがえってくる！
埼玉の集会で　叱咤激励してくれた
岩井好子先生の　あのことばが……

（註）「よみ」は黄泉の国をさす。死者の魂が行くという所。

この『やかん』という詩は、松戸自主夜間中学校の人たちが、三十周年記念誌として出版された「新たな出発（たびだち）の今（とき）」の文集編に寄せた作品である。「松戸」の三十年に、埼玉の運動に三十年間関わってきたその思いを重ねながら綴ったものだが、今回、かなり加筆・修正を加えて題も改めた。

この度、その「松戸」に続くかたちで、埼玉の夜間中学運動の歩みを一冊にまとめることになった。本の構成は次のとおりである。

第1章　自主夜間中学を開設しながら、埼玉に公立夜間中学校の設立をめざしてきた、三十年の歩みと今後の展望をさぐる。（書き下ろしと加筆・修正）

第2章　川口自主夜間中学の誕生のきっかけと、その三十年をいろいろなエピソードを交えてたどる。（書き下ろしと加筆・修正）

第3章　不定期に発行している文集『胎動』に掲載された、生徒の作文を通して教室の窓に映る人間模様を描く。（『胎動』より転載）

第4章　現在関わっているスタッフの目から見た生徒の学びの姿と、夜間中学への思いを語る。（書き下ろしと加筆・修正）

野川　義秋

月明かりの学舎から——川口自主夜間中学と設立運動三十年の歩み

目次

まえがき……2

第1章　埼玉の三十年と今後の展望　野川義秋……13

「埼玉に夜間中学を作る会」発足／「発足」から前半の運動／行政の手で入学希望者募集を／運営体制の見直し／公立夜間中学校設立の「要望」から「提案」へ／「議員連盟」の視察／法制化にむけて／『三十周年集会』で新文部科学大臣講演／再び法制化にむけて／埼玉における展望への現段階

第2章　川口自主夜間中学の歩み……59

教室が抱える課題と向き合いながら　金子和夫　60

『互いに学ぶ』ということ／貧困の問題について／外国人の学びの場として／
充実した自主夜間中学のために／十五歳の春に泣かせない

ある女性スタッフの日々　岡本たづ子　68

一枚のチラシから／夜間中学の講師として／交流の輪が広がる／埼玉に公立の夜間中学を／
「狭山事件」石川一雄さんの講演会

埼玉の夜間中学との出会い　小松司・小松愛子　80

息子が荒川第九中学校夜間学級に入学／「埼玉に夜間中学を作る会」に参加／旧満州の旅／
夜間中学に急展開

「夜間中学」があって息子は救われた　小松愛子　98

開設の頃の十年の足どり　野川義秋　104

自主夜間中学の開設／「こんばんは」の声が教室に／いろいろな国の人たちが学ぶ「場」を求めて／
日系人たちとの出会い／「共生」ということ／一斉授業のこと

第3章　学舎の窓に映る人生模様――文集『胎動』より……115

私のおいたち　白根幸江　116
夢の夜間中学に入学できて　原田里美　117
無題　広山貞子　118
念願　渡辺ます子　120
私の再出発　林崎久美子　121
日本での生活　西大條久美子　125
はじめまして　森達夫　128
わたしのくに、イラン　ハーディ セーダー ギャッツ　130
自主夜間中学にきて　吉沢美子　131
自主夜間中学の思い出　都築志織　133
私の居場所　長谷川慶子　135
無題　A（学生　七八歳）　137
川口自主夜間中学での出会い　スタッフ　長谷部健一　138
夜間中学に感謝　元生徒　アレハンドロ・イサ　140

日本の生活　黄錦英　141

第4章　私と夜間中学……143

九十歳の生徒　阿部次子さんの近況　小倉光雄　144
「字を習いたい」無言の叫び――ふみ子さん（仮名）との出会い　遠藤芳男　148
一緒に学ぶことが楽しい／字が書けないとバカにされたから…／妹を背負って学校へ／まず自分の名前から／初めての作文は日記から／また手紙を書きます
日本語を必要とする子どもたち　林一廣　159
ボランティアスタッフとして／夜間中学での子どもたちの様子／今後の夜間中学について
「未来に向けた一歩」の後押しをしたい　木村義秋　165
川口自主夜間中学での出会い／「私、勉強できたら変わるのかな？」の想い／行政の対応を注視する大きな取り組みが必要

川口自主夜間中学への道　小向恒明　173

夜間中学の誕生と移り変わり　野川義秋　176

夜間中学との出会い／夜間中学の誕生／夜間中学開設の理由／足立区立第四中学校に夜間学級開設／未解決のままの相次ぐ閉鎖／行政管理庁の夜間中学廃止勧告／夜間中学廃止反対から設置運動へ／自主夜間中学の開設／夜間中学をめぐる新たな動き／自主夜間中学の二つの特質／法制化という光明と影

付録　埼玉の夜間中学運動三十年の足跡……200

あとがき……210

第1章 埼玉の三十年と今後の展望

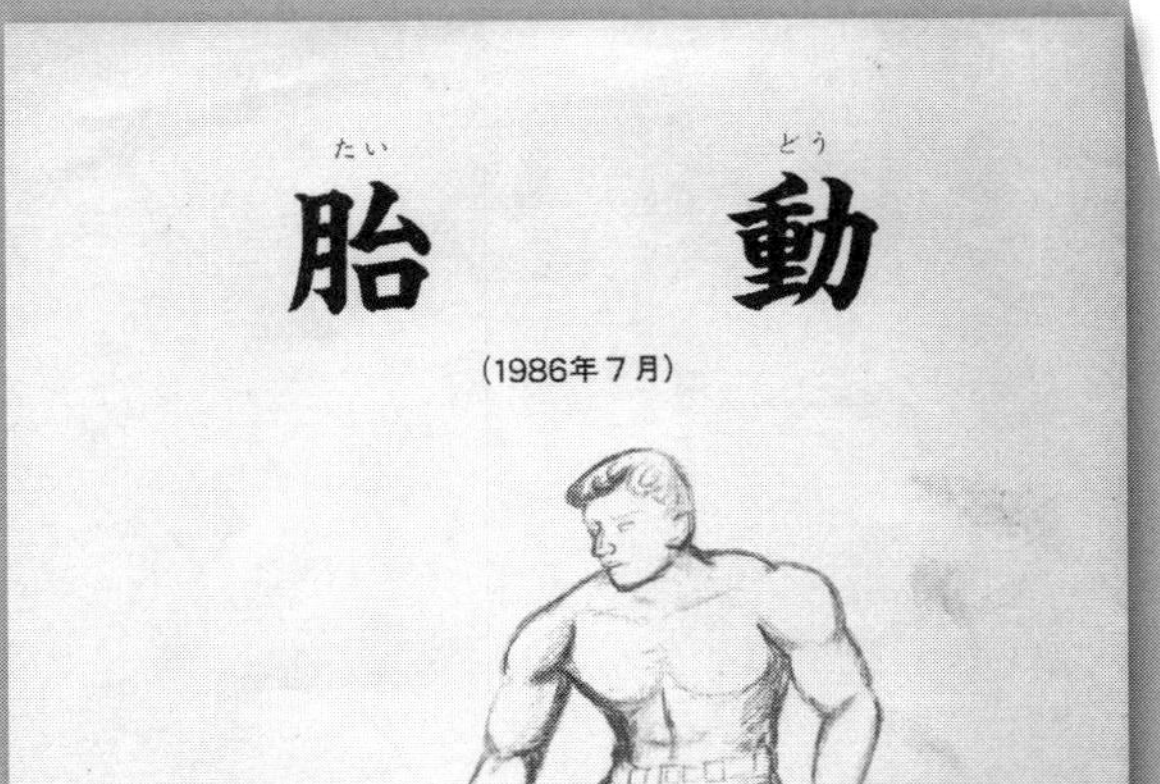

「埼玉に夜間中学を作る会」発足

『宣言文』

私たちは、去る二月三日、千葉県市川市で行われた「トークマラソン」で受けた感動から、埼玉県内に夜間中学を作ろうと決意し、教師や労働者・主婦・学生有志が集まって、三月末から準備を進めてきました。

此の間、県内の義務教育未修了者や長欠児童の実態など調査を行うかたわら、都内の夜間中学とか自主夜間中学を訪問したり、夜間中学の卒業生や教師を囲んで学習会を開いたりして、活動を行ってきました。

その結果、県内に一万人以上の義務教育未修了者がいることや、毎年小・中学生の一パーセントに及ぶ数の長欠児童が産みだされていることも明らかになりました。また埼玉県では、在日朝鮮人や引揚者・難民がたくさん在住しているにも関わらず、心ある行政施策が十分になされていない実態も知りました。

このような活動を続ける中で、私たちを、必ず実現させようとふるいたたせてくれたのは、この調査結果と、毎年十五、六人から二十数名の人達が、わざわざ都内の夜間中学まで通っているという、過去十年間の調査実数でした。東京都夜間中学の調査研究部が、埼玉県内の夜間中学設立は急務であることを発表し続けてきたのは、当然と言わねばなりません。

憲法にうたわれた基本的人権としての教育を受ける権利が保障されないことが、いかに社会的経済的諸権利を奪うものであるかは、今日参加してくれた夜間中学生達のうったえにもあったとおりです。

私たちは、埼玉県内に住み、今なお「読み書き」ができないことや「掛け算の九九」ができないことで、苦しみを抱いて生きている人達のことを忘れません。私たちは、この人達に、完全な義務教育を保障する場としての公立夜間中学の設立に向けて、広範な人達と連帯・協力し合いながら行政に働きかけ、ねばり強く運動を続けていくことを、今日のこの集会の名において宣言します。

一九八五年九月十六日

埼玉に夜間中学を作る会

（註）原文はすべてふりがなあり

これは、「埼玉に夜間中学を作る会」（以下「作る会」という）の発足集会でのもので、テレビや新聞などの報道関係者が見守るなか、参加者約一〇〇人によって採択されたものである。

文の冒頭に「トークマラソン」とあるのは、正確には「ザ・夜間中学一〇〇人トークマラソン集会」のことである。一九八二年に千葉県市川市内に初めて設立された公立夜間中学校が、生徒の減少で閉校の危機に追込まれたことへの支援の意味を込めたこの集まりに、埼玉から三人が参加していた。江東区内にある自主夜間中学のボランティアの講師として関わっていた大宮市内の高校の教師とその同僚、そして私である。といっても、顔見知りではあったが二人とは別々の参加だった。

私が参加したのは、東京都に土木技術系の職員として勤めながら文科系の夜間大学に通い、卒業論文に夜間中学のことを取り上げたことで、夜間中学の教師や生徒・卒業生といった人たちとのつながりができるようになっていたことがきっかけだった。トークマラソンという名前の通り、公立や自主夜間中学の生徒・卒業生・教師・自主夜間中学のスタッフといった人たちが、それぞれの思いを語りついでいく形で進められる集まりだったが、もう終わり近くになった頃に二人の教師が私のところにやって来て、公立夜間中学校がただの一校もない埼玉でも、設立運動を始めることをこの場で宣言しようじゃないかというのである。あまりにも突然なことに面食らった私だったが、二人が高校の教師であることから宣言に加わったのだった。これが埼玉における公立夜間中学設立運動の始まりだった。

なりゆきとは言え、あの時のことは何度考えても無謀きわまりないものだった。東京の江東区や千葉の松戸市などでは、すでに、自主夜間中学を運営しながらの設立運動が行われていたし、その前途が厳しいものであることは口すっぱく聞かされていた。それが、運動の基盤もない埼玉でいきなりスタートを明言したのだからである。ずっと後になってからのことであるが、江東や松戸などの運動に関わっている人たちと話題になった時、「あんなことを、軽々しく言っていいのかって心配しちゃったよ」と言われたぐらいだった。

とにかく、二月に宣言して三月から「準備会」を始め、約半年後に正式発足にこぎつけた。そして、その年の十二月から、川口市内で火曜日と金曜日の週二回「自主夜間中学」を開設するようになった。

運動のきっかけはひょんなことからだったとしても、始めた理由は宣言文が示すとおりに、県内には一万人以上の義務教育未修了者が住んでいて、そのなかの二十人前後の人たちが片道一時間も一時間半もかけて、都内の公立夜間中学校までわざわざ通っている実態が示す通りに確かなものだった。

第一校目を川口市内にと考えたのは、半年の準備期間に調べた調査の結果、都内の公立夜間中学校に通う生徒が一番多かったのが川口市だったことである。また、戦争中にたくさんの朝鮮人が強制連行されてきた歴史があると同時に、在日朝鮮・韓国人を始め、アジアや南アメリカといった様々な国から来ている外国人の多くが、川口に住んでいることなども大きな理由だった。

註（「――埼玉に公立夜間中学を――『運動十五年、しかし未だに』」二〇〇〇年「新日本文学」九月号より一部抜粋）

「発足」から前半の運動

「作る会」の運動は、川口自主夜間中学の運営と公立夜間中学校設立運動とを両輪としながらの取り組みとなる。発足集会以降、毎年の区切りとして「周年集会」を開いて、一年間の足跡とその後の方向性を確認してきた。また、一九九〇年の国際識字年スタートの年には「国際識字年・埼玉集会」を開いたり、寅さんシリーズで知られる山田洋次監督が夜間中学を舞台にした映画「学校」

（パートI）を製作した時には、山田洋次さんの講演と映画の上映を組み合わせた七二〇人規模の集会も行った。運動十年目の時は節目としての十年間をふり返り、それから先の方向性を模索する周年集会を行ってきた。その時の報告を元に十年間の足跡をたどると次のようになる。

最初六人から出発した自主夜間中学も、テレビや新聞などのマスコミによる報道とか口コミで知られるようになり、通ってくる人も次第に増えていった。生徒たちも様々で、未修了者、不登校の学齢児、卒業してはいるけれども英語や国語、数学の学力が備わっていないのでもっと勉強したいという形式卒業生、ベトナム難民とか中国からの引揚者とその子女、在日朝鮮・韓国人となかなか多彩だ。

教える方法とか使う教材、教室の雰囲気作りといった全般が手探り状態だったので、スタート当初はどうしても自主夜間中学の運営に力を注がざるをえなかった。とにかく、自主夜間中学については講師会議を中心とするようにし、設立運動としては月に一回の定例会議を開きながら取り組んできた。埼玉県の教育局や川口市教育委員会とは要望書の提出で回答を引き出し、それを元に直接交渉を行う方法が多かった。

市議会においても、無所属議員による夜間中学に関する質問の輪も、川口市議会を始めとして浦和・大宮・川越といった形で広がっていったが、状況を変えるインパクトを持つ内容には至らなかった。

機関紙も、手書きでふり仮名入りの「銀河通信」を発行するようになり、多くの人に公立夜間中学設立の取り組みのことや、自主夜間中学のことを知ってもらう宣伝媒体としての役割を担うようになった。と同時に、運動を側面から支えてくれる協力会員との疎通を計るパイプ役ともなった。

一九八七年（昭和六十二年）には、「埼玉県内に、日本語学級を併設した公立夜間中学を作って下さい」の一万人署名もスタートした。これは、駅頭署名活動とか個々人に対する要請が中心で、市民運動団体や労働組合などとのつながりを持つことができなかったことなどが原因で目標に達しなかった。集まった約八〇〇〇人分を県知事と川口市長、県と市の教育委員会に『要望書』と共に提出したが、前向きな回答を引き出すには至らなかった。この署名提出にはエピソードがある。署名を受け取ってくれた副知事が、提出に参加してくれていた浦和出身で年配の女性の生徒WさんとOさんに向かって「あなた方も先生ですか」と声をかけた。二人は戸惑った顔を副知事に向けて打ち消されたのだった。家庭を切り盛りしながら子どもを育てあげた重さが、副知事の目にそう映ったのだろうと、参加したスタッフたちと話しながら県庁を後にしたのを覚えている。未修了者だったWさんはもうこの世の人ではない。

埼玉における設立運動で、展望が見えて来たかに思えた時期が一度だけあった。一九八八年（昭和六十三年）のことである。五月に上尾市内で行われた市民集会で、当時の畑知事が「義務教育未修了者がいることは存じている。市、県と協議し早急に結論を出すように努力する」という内容の前向きな発言をしたことが発端だった。七月の「作る会」と県の教育委員会との交渉でも「（来年）開校に意欲を持っている」と明言した。一方、川口市からも九月の時点では、「県南十一市で話し合いをしている。来年二月か三月が目処だ。どこかが、作らざるをえないだろう」とのコメントを得たのだった。ところが、十月に、川口市の教育長がその当時の中本氏から栗原氏に突然変わり、その頃を境にして県も市も消極的な姿勢に一転してしまった。

それ以降、県は「中学校の設置主体はあくまでも市町村であるから、県から特定の市に設置しろと指導することはできない」と主張し、川口市の方は「県内の義務教育未修了者は、川口市だけではなく県内全域の市町村に在住しているので、広域行政として県が指導的な役割を果たすべきだ」との言い分を、ずっとくり返している。ここをどう超えていくかが課題だったのだが、発足からの運動をふり返る時、前向きな発言をした県の行政にくらいついていく取り組みを「作る会」として組織できなかったのが、最大の反省点である。

このような取り組みのほか、前半の運動のなかで、自分たちの力量でこれならできるだろうという様々な試みを行ってきた。それは、これまでの全国の夜間中学設立運動の歴史や教訓に学んだものとか、市民運動・労働運動で取り組まれたことなどもある。

機関紙「銀河通信」の発行については前にも触れたが、それの号外版を作成して川口・浦和・大宮といった駅頭での宣伝活動で配った。一九八七年（昭和六十二年）に始めて達成しなかった第一回目の一万人署名については、『国際識字年』がスタートした一九九〇年（平成二年）から第二回目としてもう一度取り組むことになった。第一回目の苦い経験を踏まえて市民運動団体や労働組合に組織的に取り組んでもらうように要請したこともあって、一万人という目標は思ったよりも早く達成することができた。この署名活動は現在も継続していて、三五、〇〇〇人（二〇〇〇年・平成十二年段階）の数に達している。また、文化人・知識人に協力をお願いして「埼玉に夜間中学を」の『一〇〇人の呼びかけ人』運動を手がけてみた。これには全体で一一六人の賛同を得たのだった。

公立・自主を問わず、関東を始め全国の夜間中学校、あるいは増設運動団体との連携を深めていくことにも努めた。関東と関西の夜間中学運動に関わる者同士が、浜松近辺に毎年夏に集まって交流する「夜間中学運動全国交流集会」にも必ず参加してきた。　註（前掲書）

行政の手で入学希望者募集を

設立運動の展望が開けるかに見えた兆候をぬか喜びに終わらせてしまったことは、やはり運動主体としては大きな反省点に立たざるをえなかった。そして、今後どのような方向性を持った取り組みを展開していくかが私たちに問われることとなった。

十周年集会以降の新たな取り組みとして、県の教育行政に「夜間中学入学希望者」を募る調査を実施させる要望書を提出したのである。しかし、県の荒井桂教育長から返ってきた回答は、「夜間中学入学希望者の調査に着手することは困難であります」というそっけない内容のものだった。その直後に、教育局の市町村教育課長との話し合いをもった。そこでは「中学校の設置主体は市町村であり、調査は市町村でやってほしい」というふうに受けとれる発言が飛び出すありさまであった。このことばを受ける形で、埼玉県内から都内の夜間中学校へ通った生徒の在住する十六市と一つの町の教育長に同じ主旨の「要望書」を提出した。結果として九つの市と町から文書や口頭による回答を得たが、内容そのものは、表現は違うが調査はできないという結論ばかりだった。要約すると、「①調査は困難である。②調査はプライバシーの侵害につながる。③夜間中学を設置する意志がないので調査はできない」の三つに別けることができる。いずれも県の意向に追随するものでしかなかった。

県や市町村の後ろ向きな姿勢に業を煮やした私たちは、夜間中学入学希望者に名乗り出てもらう運動を自分たちの手で行なうことにした。その場合、名乗り出てくれる人たちの個人情報の保護の立場から、「住んでいる市町村名と年齢、そして性別」のみでもかまわないことにした。一九九六年（平成八年）七月八日に川口市役所内の記者クラブで記者会見を行なってマスコミの協力を取りつけてスタートし、一九九八年（平成十年）からは「夜間中学ホットライン」運動も始めた。六月の二十六日から二十八日までの三日間行なったところ、かかってきた電話は十三件で、その大半は義務教育現場を反映して不登校の子どもに関する相談であった。

この取り組みによって、戸田市や川口市に住む未修了者の女性からの名乗り出があった。戸田の女性は家庭の理解を得て、川口自主夜間中学から荒川区立第九中学校の夜間学級に「転校」して通うようにもなった。

このように一定の成果はあったものの、行政の消極的な姿勢を突き崩して、埼玉に公立夜間中学校が必要だという世論の高まりにつなげるほどの人数を掘り起すには至らなかった。

運営体制の見直し

設立運動は長期化の一途をたどり、市町村との交渉も進展を見ないままこう着状態に陥った。

自主夜間中学の国際色豊な教室風景は、『ワタシのニッポン　ワタシのガッコウ～川口自主夜間中学～』というドキュメンタリー番組にもなり、東京新聞は『月明かりの学舎』と題して六回シリーズで大きく報道した。自主夜間中学を開設しながら、月例の駅頭署名活動や行政交渉を波状的に続けていくには人手も手薄になっていた。「作る会」の会員や自主夜間中学のスタッフの入れ代わりも頻繁で、両方の運営をスムーズに進めていくことの難しさが表面化するようになった。このことを数回にわたる事務局会議で話し合った結果が、一人代表制から二人代表制にして「作る会」と「自主夜間中学」とに、それぞれ代表を置くことにする案だった。これまでも一時期、代表が二人だったこともあったが、役割を分散するのではなく共同代表としての位置付けであったから、今回は組織体制のあり方の大幅な見直しを決断したのだった。

十六周年集会の報告の中ではこのことについて、運動の方向性については「憲法に定められた基本的人権としての、教育を受ける権利を保障する場である公立夜間中学校の設立を要望していく姿勢は、これまでの基本理念に準ずる」とし、「作る会」と「自主夜間中学」が、「お互いの主体性を尊重し、協同・協調の関係を保ちながら、独立して運営していく」と報告している。さらには、自主夜間中学を設置している川口市と併せて政令市であるさいたま市にも設立を要望していくことや、市民運動としてのネットワーク作りを押し進めていく方針も打ちだした。この組織的な見直しには、松戸や江東などの自主夜間中学関係者から懸念を呈する向きもなかった訳ではなかったが、内部で話し合った結果でもあったので懸念材料をかかえたまま思いきってスタートした。

二人代表制の運営体制にさらに検討を加えたのは、五年後の二十周年集会を終えた後だった。代表を別々にしたことであたかも組織が二分してしまったかのような印象を持たれ、取材に来たマスコミ関係者などには両方の役割に対する明確な認識を持ってもらえずに戸惑いを抱かせてしまうところもあった。そのことによって、県内に公立夜間中学を設立する運動と、自主夜間中学の運営を両輪とする夜間中学運動という意味合いが「作る会」の会員や「自主夜中」の生徒・スタッフの共通認識となりきれていない状況もうまれてきた。話し合いを進めるなかで、事務局に責任者を置いて「作る会」と「川口自主夜中」の運営や活動に関する調整機能としての役割を担ってもらうことで、『風通し』のよい雰囲気にできないかと考えた。その任を、自分の息子さんを川口市内から荒川区立第九中学校に通わせた経験を持つ小松氏にお願いすることになった。こうして、二十年という大きな節目と共に体制を整えることを試みた訳である。

公立夜間中学校設立の「要望」から「提案」へ

平成十五年二月、公立夜間中学の教師や生徒と設立運動に関わる自主夜中のスタッフ・生徒たち関係者が、「義務教育を終わっていない人の学ぶ権利」を求めて、日本弁護士連合会の人権擁護委員会に「人権救済申立て」を行った。私たちもこの取り組みに賛同して「申立て人」の署名に名を連ね、川口自主夜間中学の生徒である阿部次子さんが『陳述書』を提出した。日弁連は約三年半をかけて審査し、平成十八年八月に、内閣総理大臣・文部科学大臣・厚生労働大臣、そして衆参両議院議長に対して「学齢期に修学することのできなかった人々の教育を受ける権利の保障に関する意見書」を提出した。その主旨は次のようになる。

Ⅰ．義務教育未修了者についての全国的な実態調査の速やかな実施
Ⅱ．その結果を踏まえ、夜間中学の設置が必要な市町村・都道府県への指導・助言の励行
Ⅲ．既存の公立夜間中学校の受け入れ対象者の拡大
Ⅳ．自主夜間中学を運営する民間グループなどに対する多面的な援助
Ⅴ．個人教師の派遣の実施

日弁連が付したこれらの意見の理由は、「文部科学省が実態をきちんと把握して施策を講じてこなかった消極的な姿勢にある」としている。

このことは、夜間中学をめぐる世論を全国レベルで活発化させる役割を果たした。しかし、反応の鈍い埼玉県や市町村の教育委員会を突き動かすところまでは至らない。川口自主夜間中学が、国際色豊かなにぎわいを呈しているのとは裏腹に、運動の停滞や行き詰まり感を拭い去ることはできなかった。

平成二十三年十月に「二十五周年集会」を行って以降の事務局会議において、このまま同じような運動を続けたとしても、設立を実現するのは無理ではないか。そのような焦りや苛立ちが頭をかすめるようになっていた。そこで、これまでの運動の成果と反省点を踏まえて、どのような行政交渉の方向性をめざすべきかの内部討論を重ねた。こうして導きだしたのが『県内の市町村が応分の

負担をし合う共同開設方式』であった。

これは「発足から前半の運動」のところでも触れたが、川口市を始めとする設置主体の市町村が「夜間中学は広域行政として県が主体になるべきである」と主張し、これに対して県は、「小中学校の設置は市町村行政の役割」だと主張する形で、責任を転嫁しようとする教育行政の姿勢に警鐘を鳴らそうと考えたのである。この方式の中では「設置主体としての市町村は、義務教育未修了者への就学保障義務を免れることはできない」と位置付け、「今後の設立要望は市町村一本にしぼって、県へはあくまでも条件整備の要望とする」こととしたのである。

この場合の市町村の役割分担は、教室や職員室・体育館などの施設を提供した市町村は費用の負担はなしとし、教材・教育機器・講師料などはその他の市町村が応分の負担をする。費用を、県内の全域の市町村にするかエリア区分するのかは県の指導に委ねる。そして、就学援助費・定期代などはそれぞれ生徒が居住する市町村が負担するものとしたのである。

運動の発足から二十五年間の四半世紀は、単位制高校の先駆け的存在の大宮中央高校や中高一貫校に模様替えした伊奈学園総合高校などを照準として、県立の夜間中学校があっても良いという思いが無きにしも有らずであった。なりふり構わずとは言わないにしても、設立が可能なら選り好みしないとの思いは正直に言ってあった。従って、それだけ取り組み姿勢にぶれが生じたことは否めない。共同開設方式については、その部分に対して十分考慮に入れて立案したつもりである。その根拠は、現存する三十一校の公立夜間中学校がすべて区市町村立であることだった。それは義務教育で完全に保障されなかった人の学ぶ権利は、義務教育で取り戻していくという夜間中学の運動の理念に照らし合わせても理にかなっているからである。

当時は、次に掲げる五項目を中心に取り組んでいた。

①署名数六万人を達成して、県やさいたま市・川口市等への追加提出の早期実現をめざす。そのために、団体・個人への要請と同時に、駅頭署名活動に力を入れる。

②党派会派を超えた議員の賛同を取りつけるために、あらゆる政党に引き続き働きかけていく。

③さいたま市長や蕨市長に、定期的な話し合いの場を要請していく。

④埼玉出身卒業生の応援メッセージの輪をさらに広げていく。

⑤協力会員・スタッフを増やし、市民団体・労働組合などとのネットワークを広げる。

註（埼玉に夜間中学を作る会・川口自主夜間中学「二十六周年集会」資料）

このなかに『共同開設方式』の提案を加えると同時に、今後の活動の最重要課題として位置付けたのである。

提案の手始めは、県内唯一の革新市政でもあり、夜間中学に理解を示してくれている蕨市の頼高市長であった。平成二十三年二月、小松事務局長と自主夜中の金子代表と三人での面談となった。頼高市長は、私たちのこの提案に対して賛同の意志を表明してくれた。必要経費を各市町村が分担し合う方式に関しても、すでに、特別支援学校とか福祉作業所の運営などにおいて実施されており、現存する条例・規則上からも問題ないとのことであった。そして、この考え方を県内の市町村に働きかけていってほしいとの助言ももらった。

検討を加える段階では、清掃工場や葬儀所のように「一部事務組合」を立ち上げなければならないのではという懸念もあったが、蕨市長との面談によって払しょくされた。

気をよくした私たちは、蕨市長との面談から五か月後の七月に川口市教育委員会との話し合いに臨んだ。本当は市長と会いたかったのだ。しかし、教育の問題ということで、指導課が窓口となった。この日は、自主夜間中学の金曜日の教室である栄町公民館の利用料金の議題もあったので、三人に加えて三人のスタッフと一人の生徒の七人だった。


——事前に送ってもらった『県内の市町村が応分の負担をしあう共同開設方式』を検討しました。川口市の考えとしては、共同開設であっても県が主体になるべきだと思っています。共同で分担しあうと言っても、教室や職員室などの施設を提供する当該市の負担が大きいです。運営上のイニシアチブ（主導権）をとるとなると、前年度段階で入学生徒数を把握して教員配置を決定する必要があり、なかなか難しいのではないか。

教材や教育機器など、開設にかかる費用の負担というのはそんなに大きくはないと思います。

註（機関紙「銀河通信」一一七号）

これは、テープ起こししたものではなく、ノートのメモをまとめたものである。これまでの二十六年間、川口市は夜間中学の問題は広域行政として県が対応すべきだと主張すると同時に、設置しない理由として、県内各地から通学してくる生徒のために川口市民から徴収した税金を使うのは適切でないとも言っていた。それが、新しい提案に対しては、金の問題ではなく運営上の負担の大きさだと述べる。学びを求める人たちの思いに、教育行政を司る立場として本腰を入れようとはしないのだ。

このほか、面談の要請に対して「会って話し合うことは考えていない」と回答してきた和光市は別として、さいたま・戸田といった各市にも提案を行ったが、「国の動向が固まっていない今の段階では見解を言える状態ではない」というのがさいたま市で、戸田市は「県が統一的に動くべき」とのことだった。

一方県の方は、平成二十五年十月に会った時、管理幹の個人的な見解として『福島の原発事故にあった市町村が、広域で小中学校を設立する動きとか、県内において「適応指導教室」を複数の町村で設置しようとする動きなどは、参考になるのではないか』（機関紙「銀河通信」第二二四号）とのことばをもらった。いずれにしろ、蕨市を除いてはやはり「及び腰」の姿勢に終始しているといってよかった。

この「共同開設方式」のことは、県内の教育行政や県議会・市議会の議員だけではなく、ほかの様々な機会にも提唱してきた。例えば、平成二十三年の第五十七回「全夜中研」の東大阪大会における第五分科会『増設・教育条件・啓発活動』。それから、後の方でも触れるところの平成二十七年六月、「夜間中学等義務教育拡充議員連盟」の超党派の国会議員十三名が川口自主夜間中学を視察に訪れた時などである。

蕨市を除く県内の自治体が「及び腰」の姿勢に終始しているのとは裏腹に、いろいろなところから反響を得つつある。東京新聞が平成二十七年五月二十五日の社説でこの方式のことを取りあげてくれ、人づてではあるが、文部科学省の教育制度改革室でも着目してくれているとのことである。

現在、「超党派フリースクール等議員連盟・夜間中学等義務教育拡充議員連盟」の立法チームによって審議中の、『義務教育の段階における普通教育に相当する教育の機会の確保等に関する法律案』の第十五条には、「協議会を組織することができる」との条項がある。これは『当該都道府県及び当該市町村の役割分担に関する事項の協議』等々についての定めで、奈良県橿原市の畝傍夜間中学や千葉県市川市の大洲夜間中学の実態をモデルにしていると言われている。「共同開設方式」の考え方は、長年待ち望んでいたこの法律が成立した場合でも運用可能だと確信している。従って今後も積極的に提案活動を行っていきたいと考えている。

「議員連盟」の視察

日本の政治を司る「国会院内」で、夜間中学のことを話し合う集会が行われたのは、あの日弁連が国の内閣総理大臣や文部科学大臣といった機関に、「意見書」を提出してから六年後の平成二十四年八月だった。全夜中研の呼びかけに応えて、「作る会」と「川口自主夜中」からも十名が参加した、義務教育等学習機会充実に向けた「超党派参加・国会院内集会の集い」は、総勢二〇〇名がかけつける大きな集まりとなり、マスコミにも大きく取りあげられた。この弾みは、翌年平成二十五年八月の「超党派参加・国会院内シンポジウム」開催につながり、翌々年平成二十六年四月二十四日の国会議員超党派による「夜間中学等義務教育拡充議員連盟」の発足へと結実していくのである。

夜間中学をめぐるめまぐるしい動きは、国会院内から外へと波動は広がっていく。平成二十五年十一月、とうとう衆議院文部科学委員会による東京都足立区立第四中学校夜間学級の視察につながった。そして、平成二十六年の七月には、関西の大阪府守口市立第三中学校夜間学級の視察へと広がっていった。国会議員が超党派で夜間中学を訪問して授業を見学すると同時に、生徒や教師たちと直接話し合う。これは、戦後の夜間中学の歴史において想像もしえないできごとだったといってよかった。

全夜中研の呼びかけに応えて、院内集会に参加しながらこの動向を直に感じるなかで、公立夜間中学校だけでなく自主夜間中学もぜひ見てもらいたい。そんな思いが、月に一回行う事務局会議で話題にのぼるようになったのは平成二十六年の夏ごろからだった。

その手始めとして、全夜中研の先生方に「議員連盟」への手紙を託すことから出発した。その全文を紹介する。

川口自主夜間中学の視察と埼玉の公立夜間中学校設立運動の現状を聞いて頂く機会のお願い

去る四月二十四日、「夜間中学等義務教育拡充議員連盟」が発足して以降、ご多忙な中にありながらも、議員立法成立に向けてご奮闘頂いていることに心から敬意を表します。

私達は、今から二十九年前の一九八五年（昭和六十年）九月、埼玉県内に公立夜間中学校が一校もないことを知った有志で「埼玉に夜間中学を作る会」を発足させ、同年十二月から川口自主夜間中学を開設して今日に至っています。自主夜間中学の運営と設立運動を車の両輪として運動を続けてきております。此の間の国政レベルの夜間中学等の全国拡充に向けた三回の「院内集会」にも、積極的に参加してまいりました。

「議員連盟」の先生方はこれまで、超党派で関東の足立区立第四中学校夜間学級や、関西の守口市立第三中学校夜間学級を視察されましたことをニュースでお聞きしています。つきましては、以下の二つの観点から、埼玉にも来て頂くことができればと思います。

（記）

(1)「川口自主夜間中学」には現在、川口市出身で義務教育未修了の五十八歳の女性や、身体に障がいがあるために就学を免除された二人の女性が、外国人とか不登校の子ども達に混じって学んでいます。

ぜひ、そのような自主夜間中学のありのままの姿を見て貰えればと思います。

(2)「埼玉に夜間中学を作る会」は、全国夜間中学校研究会や各地の自主夜間中学と連携を計る傍ら、地域で月例の「駅頭署名活動」や県及び市町村との交渉等を行っています。そして四年前から、県内の市町村が応分の負担をしあって公立夜間中学校を設立する『共同開設方式』を、自治体に提案する取りくみを最重要課題として活動しています。

この方式は、議員立法成立の元でも、どこの都道府県でも実現可能であり、共有できる手法だと考えています。ぜひ、「議員連盟」の先生方にお聞き頂ければと考えています。

以上のようなことから、視察が実現できればこんなうれしいことはありません。ご多忙なことは十分承知して居りますが、お聞き入れ下さいますよう切にお願い申し上げます。

期待と不安が交錯するなかで、この手紙に自主夜間中学のパンフレットや機関紙「銀河通信」を添えて全夜中研にお願いしたのは秋の十月だった。不安を抱く反面、埼玉とおなじように視察の要望が出されている北海道に比べると、地理的な面からも実現の可能性が高いとの情報は得ていたが、年末に衆議院議員選挙が行われたこともあって、「朗報」は年を越すこととなった。

新年を迎えても何の音沙汰もなかった。二月に入り、全夜中研の須田先生から三月か四月頃になるのではという情報をもらいはした。しかし、統一地方選挙の影響などからか、それ以上の話にはいたらない。そこで「議員連盟」の馳浩会長や笠浩史事務局長たちへの要請行動を行うことにした。期日は三月二十五日で小松事務局長と金子・野川の両代表、それに、足立区立第四中学校の須田先生には「作る会」の会員の一人として同行してもらうことになった。訪問は馳会長と笠事務局長のほか、埼玉選出で「議員連盟」の委員である塩川鉄也、中根一幸の両衆議院議員、埼玉の設立運動の賛同議員でもある大野元裕、田城郁、西田実仁参議院議員と大島敦衆議院議員。それに、埼玉選出で衆議院文部科学委員会の理事である神山佐市議員の九名であった。

残念ながら、議員と直接面会できた人は一人もなく、塩川、大島両議院は議員控室が不在で受け付けてもらえなかったが、国会議員との意識的な距離を埋めていくきっかけにすることができたと思っている。

そうこうするうちに平成二十七年の新年度に入った矢先、公明党の西田実仁議員から自主夜中を見学したいとの連絡が入った。「議員連盟」視察の動きがあることも伝えた。だが、それとは別に見学したいとの要望で、五月八日（金）に来てもらうことになり、一名の県議会議員と二名の川口市議会議員を伴っての訪問となった。

それから約一か月後の六月九日、念願の「議員連盟」の視察が実現したのだった。以下は、機関紙「銀河通信」に載せた報告の文である。

――六月九日（火）当日は馳会長や笠事務局長をはじめ、十三名の議員（一名秘書代理）が駆けつけて下さいました。内訳としましては、自民党二名、民主党三名、公明党四名、共産党二名、社民党と維新の党各一名でした。文字通り、超党派での来訪となりました。また、地元からも県議会議員四名、川口市とさいたま市の市議会議員合わせて四名の計八名の同行がありました。

行政に対しましては、県及び川口・さいたま両市に視察日が決定した時と、議員の数が確定した時点で情報提供という形で連絡を入れました。その結果、埼玉県教育局から三名、川口市教委から二名の職員の出席がありました。

報道関係は、県政記者クラブを通じて配信してもらう形をとりましたが、テレビ関係はNHK・フジ・テレビ埼玉の三社で、新聞の方は毎日・読売・埼玉・共同・赤旗といったところからの取材がありました。この他、この日は一般市民十一名の方にも、勉強や意見交換会の様子を見学して頂きました。

授業見学では、五月八日の西田議員の時と同じように、議員さん達はすぐそばで勉強の様子を覗きこんだり、生徒やスタッフに気軽に話しかけたりして熱心に見ておられました。また、意見交換会では生徒やスタッフ・卒業生の訴えに耳を傾けて下さいました。——

註（銀河通信第一三〇号、議員視察特集号の「和やかだった授業見学」より一部抜粋）

意見交換会ではこのほか、金子代表から「自主夜間中学に対する支援の願い」として、第二章のところでも触れる五項目の要望を伝える一方、「埼玉の公立夜間中学校設立運動のこれまでと現状」と題して話をする機会をもらって、事故や混乱もなく終了することができた。

思いのほか、報道関係や一般の見学者が多かったこともあって配布資料が不足してしまった点とか、超党派での視察にもかかわらず自民党の地元議員が一人も出席しない形になってしまったことなど反省すべき事柄はいくつかあった。また、生徒のなかには国会議員やマスコミがいる教室での勉強をいやがる人もいて、見学してもらえる雰囲気にならなかったらと心配する向きもあったが、ふだんの姿とほぼ変わらない授業風景を保つことができた。こうして、「議員連盟」による初めての自主夜間中学の視察は、全夜中研の多大な助力によって実現した。これは、日弁連の「人権救済申立て」の取り組みの頃から深められてきた、夜間中学運動における「公立」と「自主」の連携の成果といっても過言ではなかった。

法制化にむけて

議員立法成立に向けた動きが始まったのは、六月九日の「議員連盟」視察の約二週間前、五月二十七日のことであった。私たち自主夜間中学も、関係団体として出席が許された全夜中研の輪の中に加えてもらって同席した。

この日は、「超党派フリースクール等議員連盟・夜間中学等義務教育拡充議員連盟」の合同総会として、霞ヶ関の憲政記念会館で行われ、フリースクールと夜間中学の二つの議員連盟が共同歩調をとっていくことになったのである。これからスタートする「立法チーム」の構成案として、顧問に河村建夫（衆・自）、座長として馳浩議員（衆・自）、座長代理が笠浩史議員（衆・民）、幹事長には義家弘介議員（衆・自）、事務局長が林久美子議員（参・民）。そして、幹事は萩生田光一議員（衆・自）ほか十一人の衆・参両議員の陣容の提示があり、吉川元（衆・社民）・田村とも子（参・共産）両議員の二人が追加となって承認された。その後、馳浩座長から夜間中学に関しての「学齢を超過した後の就学を希望する者の教育の機会の確保」と、フリースクールにおける「学校以外の場（フリースクールや自宅など）で学習する子供の教育の機会の確保」について試案が示された。続いて「多様な教育機会確保法（仮称）」――義務教育の段階における普通教育の多様な機会の確保に関する法律（仮称）――の概要についても提案説明があって、こちらの方も承認となった。

総会が終わった後、法案に「目的及び基本理念」「国や地方公共団体の責務」「財政上の措置」といったことなどがしっかりと明記されていたことを喜び合った。ただ、どうして合同なのだろうという素朴な疑問の声も出たが、そのことについては関与すべきことではないので、成り行きを見守っていこうということを確認して会館を後にした。

この時に配布された資料に、私は二箇所書きこみをしている。一つは『フリースクールや夜間中学から、たくさんの要望をもらったが、柱として盛りこんでいる』との馳座長の冒頭のことばで、もう一つは「学齢を超過した後に就学を希望する者の教育の機会の確保（案）」のところへの『形式卒業生も含む』であり、これも馳座長から発せられたことばである。

最初のメモの方は当事者の要望の反映を感じたからであり、二つ目の形式卒業生に再履修の門戸を開くということは、平成二十六年の四月に「議員連盟」が発足した時の、馳会長のブログの内容と符合したからだ。

①議員立法を作り、法的根拠のもとに、一定の公的支援を拡充すべきである。
②せめて全都道府県の県庁所在地には、夜間学級を一校設置すべきである。
③諸事情で通学日数が足りないまま形式的に中学校を卒業した者にも、チャンスを与えるべきである。
④国籍、年齢を問わず、日本社会で生きていくための基礎教育、普通教育を学ぶ権利を保障すべきである。

駆会長は、「議員連盟の方向性は明確である」として、以上の四項目をあげていて、③に適合することばであった。そして、さらに④の『国籍』に関しても、「多様な教育機会確保法（仮称）案」の〔基本理念〕の中に「—前半略—、年齢又は国籍にかかわらず、義務教育の段階における普通教育を受ける機会を与えられるようにすることを旨として行われなければならない」と、明記されていたのである。

私たちはこれまで、形式卒業生は等しく潜在的な夜間中学生だと主張してきた。それにもかかわらず公立夜間中学の設立を要望する時の行政交渉においては、そのことを強く主張してはこなかった。同様に外国人の学ぶ権利に関しても、運動を始めた当初は、都内の日本語学級のある公立夜間中学校を目標にして署名用紙の表現も「日本語学級を併設した中学校夜間学級を！」であったが、第二段の署名から「埼玉に公立夜間中学校を！」に変えた。

その理由は、外国人の学ぶ権利に対する考えが後退したからではなく、設立に対する行政の壁がとてつもなく厚い埼玉のような土壌において、条件を厳しくして挑むことは得策ではないと判断したからであった。現に、都内の夜間中学校で日本語学級のない学校でも、外国人を普通学級に在籍させて受け入れていたからである。

形式卒業生の再履修については、議員立法に先んじて文科省は平成二十七年七月三十日付で「義務教育修了者が中学校夜間学級への再入学を希望した場合の対応に関する考え方について」という通知文を、各都道府県と各指定都市教育委員会の教育長宛に出している。いずれにせよ、私たちのような設立運動団体が克服できなかった、形式卒業生の再履修と国際人権規約に基づく外国人の学ぶ権利の保障を確定的なものにした。このことは、「議員連盟」が果たした二つの意義として特筆しておく。

さて、五月に超党派による立法チームの幹事を選出して以降、馳浩座長を中心にした勉強会を重ねながら、議員立法成立をめざした。埼玉の「作る会」と「川口自主夜中」も全夜中研の陪席の輪に加えてもらう形で積極的に関わった。八月の第二回「議員連盟合同総会」の中で立法チームの進捗状況に関する中間報告を経て、九月の第三回「議員連盟合同総会」における条文取りまとめ後、各党派持ち帰りとなった。しかし自民党の文部科学部会の議論において、「学校に行かないことを助長してしまうのではないか」「フリースクールは玉石混交で、どう認定するかが問題」「学校教育制度の中で不登校対策を推進していくべきでは」といった懸念事項や手続き上の問題点などが提出された。それらを払しょくするためにはさらなる議論が必要という結論に至り、九月十五日の第四回「合同総会」で法案提出が断念され、臨時国会での成立をめざすことになったのであった。(平

成二十七年九月十六日の朝日新聞）

『三十周年集会』で新文部科学大臣講演

六月九日の議員連盟の視察を無事に終えた後、事務局を中心にして、直ちに十月十七日（土）の午後に予定している「埼玉の夜間中学運動三十周年集会」の本格的な準備に入った。三十年という大きな節目であり、会場も二〇〇人を収容する県庁近くのさいたま共済会館を確保した。立ち上げた実行委員会で『やめよう　東京に頼るのは！』のスローガンを決めてチラシの作成に入った。ところが、第一部の「作る会」と「自主夜中」の報告に加えて今回の集会に用意した第二部の、「議員連盟」に所属する議員や、全夜中研の先生にお願いする講演者のことが暗礁に乗りあげてしまった。全夜中研の須田先生の方はすぐに了解を得たものの、議員連盟の講演者が決まらない状態が続いた。立法チームの勉強会に陪席したその足で、相談に赴いた早い段階では、馳会長や笠事務局長の応諾の可能性もあった。しかし、安倍内閣改造のことや法案の条文に対する懸念が勉強会で出されるようになるなかで、少し時間が必要とのことでなかなか承諾を得られない。そこでチラシの方はやむを得ず、『議員連盟の国会議員から（交渉中）』という表現で第一号を印刷して、夜間中学の各関係団体、労働組合、市民団体などへの呼びかけ、さらには後援依頼などの配信にかかった。

内閣改造で下村博文文科大臣の後任として就任した、「議員連盟」の会長で立法チームの座長でもある馳浩新大臣が、講演に来られることが決まったのは集会から四日前の十三日だった。早速、県政記者クラブへ、翌日十四日に緊急の記者会見を開きたい旨の申し込みをした。十月担当の記者によると日時の設定については基本だと二日前で、いちばん良いのは一週間前との返事だった。そこで十五日の午後三時に行うこととした。それと併行して講演者に新大臣の名前を入れた第二段のチラシを作成する一方、県やさいたま・川口両市の教育委員会、議会関係の各党派会派などに情報提供という形で周知を計った。

集会当日の会場は始まる前からいつもの周年集会とはまるで違う物々しい雰囲気に包まれていた。前列の方をスタッフ・生徒といった関係者で席を埋めて、登壇する大臣の安全を確保するように協力を求められもした。参加者の出足も思った以上に好調だ。

午後一時。やがて、埼玉の夜間中学運動の三十年をオーバーラップさせるスライド上映の後、「作る会」と「自主夜間中学」の報告、生徒・スタッフの発表と続いていよいよ第二部の講演となる。予定では全夜中研の須田先生の演題「夜間中学を巡る現状」を先にお願いする手はずであったが、ことのほか道路事情がよくて大臣が早めに到着されるとの連絡が入り、急きょ馳大臣に「立法化の現状と展望」と題する講演を先にお願いすることになった。

馳浩文部科学大臣は、マスコミを始め参加者にも勉強してほしいという思いで話をすると前置きして、夜間中学の歴史や現政権における『一億総活躍社会方針』などとも関連づけて話を展開していった。

埼玉のことに触れた部分を抜粋すると次のようになる。

――全国でどの程度の人が、義務教育を必要としているのか把握する必要があります。公立夜間中学校は全国に三十一校ありまして、東京都には八校、埼玉県は0ですか。そのために、埼玉県から東京の夜間中学に通っている人が大勢いると聞いています。

先日（六月九日）、川口自主夜間中学を視察致しました。やはり、川口市長や教育長、そして議会などの行政機関が話し合うことが必要です。みなさんはこれまで上田知事に設置するよう求めてきたわけですが、国会議員はこの運動を議員立法で支えていく、具体的には学習支援であり経済支援であると考えています。

昭和五十九年に、吉川春子さんが質問主意書でこの問題について質問しました。確か七十万人ぐらいいたと記憶しています。あれから三十年以上経ちまして、現在の夜間中学の実態を調べた結果によると、一八〇〇人～一九〇〇人が在籍しているとなっています。全国にある公立夜間中学校は三十一校でこの数字です。もし全都道府県に勉強できる受け皿が一校ずつあれば、どれぐらいの人数になるかは明らかではありませんか。

埼玉の夜間中学三十周年集会でありますから改めて言いますが、川口自主夜間中学が軸になるとしても川口市だけですむことではないと思います。やはり、県知事や教育委員会の後押しが重要ですし、特に知事の動向は大きいと思います。すでに知事は、「国の動向を注視し進めます」と明言しています。私はこれまで、「議員連盟」（夜間中学等義務教育拡充議員連盟）として立法化に向けてまい進してきました。今回政府（大臣）の立場となりましたが、自民党議員に座長を引き継ぎ、今度は「待つ」立場となります。義務教育をどう支援していくのか。立法府で成立させていただきましたら、政府として法案の内容に従って万全の体制で支援させて頂くというのが民主主義のルールであり、大臣としての立場であると考えています。（途中省略）

国会の「議員連盟」は立法化に向けて意欲を持っているので、ぜひ支えてもらいたいと思っています。議員さんたちのところへ押しかけて行って、どうなっていますか？　私たちの要望はこうですということを訴えに行ってもらいたいと思いますし、立法化に向けて一丸となって取り組んでいってほしいと思います。

埼玉県議会やさいたま市議会・川口市議会には、「夜間中学を支える会」（仮称）などの議員連盟がありますか。夜間中学の必要性は、国会議員よりも県議会議員とか市議会議員の皆さんの方が、市民の声が届きやすいはずです。市議会から国会を突き上げることが政治の正常化だと思います。――　註（銀河通信　第一三二号）

講演のこの部分だけをとっても、夜間中学に対する思いや法制化への意欲に何ら変わりない姿勢を垣間見ることができる。

全夜中研の須田先生からは、戦後夜間中学が誕生してからずっと法制化を掲げてきた取り組みの歴史に触れながら、現状についてより具体的な話をして下さった。この集会の参加者は一三〇名。こう議員連盟のすべての国会議員に対する『要望書』を提案し、全体の拍手によって承認された。こうして、大臣を迎えて行われた「埼玉の夜間中学運動三十周年集会」は混乱もなく終了した。

「夜間中学等義務教育拡充議員連盟」の諸先生へ

要　望　書

私たちは本日さいたま市にある「さいたま共済会館」に、県内外から市民や夜間中学関係者・議員・市民団体・労働組合といった幅広い立場の方々にかけつけて頂き、「埼玉に夜間中学を作る会」(以下「作る会」という)と「川口自主夜間中学」(以下「自主夜中」という)の三十周年集会を行いました。埼玉の夜間中学運動にとりまして、大きな節目であると同時に、夜間中学を取りまく情勢のきわめて重要な最中の集会となりました。

首都圏で唯一公立夜間中学校のない埼玉県の中で、三十年運動を続けてきました。今日は、「もうやめよう、東京に頼るのは!」のメインスローガンの元で、「作る会」の設立運動のあり方や「自主夜中」の運営における成果と反省点等について報告を致しました。また、第二部におきましては、馳浩文部科学大臣と、「全国夜間中学校研究会」(以下「全夜中研」という)の須田登美雄事務局長から、夜間中学をめぐる現状や立法化に向けた動向について貴重な講演を頂きました。お陰さまで、三十一年目に向けた具体的な方向性の確認を行う集会にすることができました。

とりわけ、「作る会」報告の『今後の取りくみの方針』(1)に掲げましたところの、『喫緊の課題としての議員立法成立に向けて、「全夜中研」や増設団体・他の「自主夜中」などとの連携を深める』は、我が国の夜間中学の先行きに直結する重要な事柄でもあります。私たちはこれまで、過去四回の「院内集会」を始め「議員連盟」の総会や立法チームの勉強会にも陪席の輪に加えて頂きながら関わってきました。それは三十年もの間、埼玉県や県内の市町村行政と話し合いを続けてきた中で、国籍や性別・年齢を越えて等しく学ぶ権利を保障する為には、法の整備が不可欠であることを思い知らされてきたからでした。

「義務教育の段階に相当する普通教育の多様な機会の確保に関する法律案」は、残念ながら第一八九通常国会での上程は断念という結論に至りました。しかし、この法律に委ねる私たちの思いに何ら変わりはありません。「議員連盟」が果たした役割が、日本の夜間中学の歴史上においても計り知れないものであることは、「作る会」の報告の中でも触れさせてもらいました。「議員連盟」のすべての先生方に訴えます。来る次期国会の中で、この議員立法を成立させるために再度ご尽力下さいますことを、三十周年集会参加者一同の名におきまして要望いたす次第です。この思いを聞き入れて下さいますようよろしくお願い申し上げます。

二〇一五年十月十七日

埼玉に夜間中学を作る会・川口自主夜間中学「三十周年集会」参加者一同

再び法制化にむけて

第一八九通常国会会期中の法制化に一縷《る》の望みを託して、臨時国会に希望をつないだ。しかし、国会運営史上異例の開会無しとなった。議論すべき案件は山積みにもかかわらず安倍首相の外遊が理由とされ、その代わり新年早々の一月四日から第一九〇通常国会が開かれることになった。

そんななか、年末の十二月二十二日に超党派フリースクールと夜間中学の「議員連盟」の「合同総会」が開催され、私も全夜中研の陪席の輪に加えてもらい、福島の「つくる会」や千葉県松戸の「市民の会」などと共に出席した。河村顧問は挨拶の冒頭で馳浩議員の大臣就任に対する祝辞を述べ、続いて、「フリースクールと夜間中学の学びをどうするかであり、その方向性は見えてきている。詰めをしっかりやって法制化をめざしていきたい」との意思表示があった。

この日の議事は次の順番で進められた。

(1)立法チームの役員体制について
(2)現状報告と今後の流れについて

(1)の議事は、夜間中学の「議員連盟」の会長、超党派フリースクールの「議員連盟」の幹事長を務めていた馳浩衆議院議員が、文部科学大臣に就任したことに伴うものであった。第二次立法チームとして提示された案では、顧問が河村建夫（衆・自）と富田茂（衆・公）両議員で、座長は丹羽秀樹（衆・自）その代理として笠浩史（衆・民）、幹事長に義家弘介（衆・自）の各議員となっていた。しかし、義家議員は副大臣に就任しているのでチームには所属できないとの意見が出され、笠議員が兼任することとなった。また、顧問に下村博文前文科大臣を加えることが承認された。なお、事務局長は林久美子議員（参・民）が引き続き努めることで了承された。

⑵の議事では、配布された法案は昨年断念となったものと同一との説明があり、この間の経過と今後のスケジュールが示された。丹羽新座長から、平成二十八年の一月中に立法チームを立ち上げて勉強会を重ねていき、二月中旬から末に合同総会を行って法案成立を目指したいという意向が明らかにされて散会となった。

第二次立法チームによる作業が再開されたのは、二月に入ってからであった。七月の参議院選挙の関係で、今回の会期は六月一日までとなっていたが、今年に入ってからの議員立法関連の主な経過をたどると次に示すようになる。

二月二日　　第二次立法チームの作業再開
二月十二日　立法チームヒアリング、「不登校を考える会ネットワーク」「フリースクール全国ネットワーク」ほか
二月十六日　立法チームヒアリング、「全国夜間中学校研究会」「ＮＰＯ法人フォロ」ほか
二月十九日　立法チーム「第十五回勉強会」
三月四日　　超党派フリースクール議員連盟・夜間中学等義務教育拡充議員連盟「合同総会」

三月八日　立法チーム「第十九回勉強会」
三月十一日　両議員連盟「合同総会」　各党持ち帰り法案の確認
四月七日　民進党「文部科学部門会議」ヒアリング
四月十五日「義務教育における普通教育に相当する教育機会の確保等に関する法律案」に反対する「院内共同記者会見」
四月二八日　両議員連盟「合同総会」　各党意見集約
五月三一日　両議員連盟「合同総会」

私が陪席の輪に加わるようになったのは、二月十九日からだった。それ以前の二月十二日と十六日に行なわれた立法チームのヒアリングの様子については、全夜中研の事務局からのメールで送られてきた議事録で確認していた。その内容にあったフリースクール関係の団体の発言に、第三章の「個別学習計画」が削除されるなど、大きな見直しに触れた部分があったことも知っていた。二月十九日の配布資料も二月十二日と同じものだったので、ここでは三月四日の合同総会の時に配布された資料をもとに、第一次立法チームと第二次立法チームの法案の相違点を確認してみることにする。

総会のなかで丹羽座長は試案としてまず、学校に通っている子どもに対しては、「学校で安心して教育を受けられるための指導の充実」を打ち出し、学校にある程度通っている子ども（不登校十二万人のうち、十から十二万人）と、学校にほとんど通っていない子ども（一から二万人）に対しては、「不登校児童生徒への学校における支援」をあげた。そして、登校が見込まれないケースの子どもを対象とする「学校以外の場での学習を把握し支援する措置」において、大幅な修正を提言したのである。

これによって総則をはじめ各条文のなかの『多様な教育機会確保』の文言が、『教育機会の確保等』に改められた。また、「学校以外の場での学習を認めて支援する制度」の修正においては「市町村教委による個別学習計画の認定と継続的な学習支援・就学義務の履行とみなす」としていたものを、「児童生徒の状況の把握・学校以外の場での多様な学習活動の重要性、休養の必要等・適応指導教室の充実」にとどめた内容に変った。このことによって、第四章の『個別学習計画』の第十二条から第十八条までがそっくり削除され、第三章として、『不登校児童生徒に対する教育機会の確保等』の第八条から第十三条までが加えられたのである。従って、法案名も「義務教育の段階に相当する普通教育の多様な機会の確保に関する法律案」から「義務教育の段階における普通教育に相当する教育機会の確保等に関する法律案」に変ることになった。

このようにして、見直し案を元に立法チームの勉強会も実施されたが、異論の声は沈静化する方向には向かわなかった。各党持ち帰りとなった三月十一日の合同総会後の四月七日に行なわれた民進党の「文部科学部門会議」に陪席した。そこで、フリースクール関係における三団体の賛否両論を聞く機会を得た。

ヒアリングの一番手の全夜中研からは次のような要望が出された。（要約）

・義務教育未修了者の学びに応える根拠法として成立させてほしい。
・第十五条の『協議会を組織することができる』を『協議会を組織する』に変更を。
・第十九条に『教育施設の提供』の文章を付け加えてほしい。

次の「不登校・ひきこもりについて当事者と語りあういけふくろうの会」と「不登校とひきこもりを考える当事者と親の会ネットワーク」からは、「法案を夜間中学とは分けて、白紙廃案を求める」（要約）という厳しい意見だった。

最後の「NPO法人フリースクール全国ネットワーク」は、成立を望む立場からの発言がなされた。


さて、三月十一日の両議員連盟「合同総会」において丹羽座長は、この日出された意見を踏まえて再修正を加えた法案を、各党に提示するので党内手続きに入ってもらいたいとの意見を示した。

これ以降、時間を要したのには二つの要因が考えられる。一つは、フリースクールにおける賛否両論にもとづく様々な動きだ。現に四月十五日には、十を数えるグループ・団体・個人による法案反対の「院内共同記者会見」も行なわれている。もう一つは旧民主党と旧維新の党の政党再編により、三月二十七日に結党大会が開かれて民進党が誕生したことだった。

各党持ち帰りから約一か月半後の四月二十八日、両議員連盟の「合同総会」が開かれて意見集約がなされた。その結果、与党の自民党と公明党が了承で、野党の民進党とおおさか維新の会も了承した。しかし、共産党と社民党は、夜間中学に関しては異論ないがフリースクールについては、充分な理解が得られていないので議論を継続してほしいとの態度表明だった。こうして、丹羽座長の提唱する『理念法』としての法案は、与野党四党の合意のもとにゴールデンウィーク明けの国会に上程されることが決定された。

合同総会が終わった後、いつものように会館内の喫茶室で懇談した時、「とうとうここまできた」という感慨と、そのもう一方で、「まだ何があるかわからない」との戒めのことばが誰からともなく発せられ、みんなでうなずきあったのだった。

ところがと言うかやっぱりと言うか、五月十七日の衆議院文部科学委員会の理事懇談会で、今国会中の衆議院での採決は先送りとし、継続審議とする方針を決めた。私がこのことを知ったのは翌日十八日の新聞紙上でのことだった。

「継続審議」になったことを受けて今国会の会期末の前日、五月三十一日に、両議員連盟の合同総会が参議院議員会館内で開かれた。駆けつけた馳浩文部科学大臣は、夜間中学の議員連盟会長の立場で、「今国会で成立できなかったことは大変申し訳ない。しかしまだ諦めてはいない。時期は不明だが、次の臨時国会での成立をめざす」と挨拶した。フリースクール議員連盟の河村建夫会長も、「会期末の議院運営委員会が遅れていて、法案はまだ付託されていないので廃案にならないようにする」と決意を述べた。

短時間で終わったこの総会は、法案成立に向けた意志固めの場であったと言えよう。残念ながら、「まだ何があるかわからない」という戒めのことば通りになってしまった。これは「法制化に向けて」のところでも触れたが、思えば一年前の合同総会に陪席した時、みんなで「どうして合同なのだろうという素朴な疑問」を抱いたそのことが、ずっとここまで尾を引いているということになる。さらに気持ちを引き締めなければならない。

埼玉における展望への現段階

法制化に向けた動きの一方において、埼玉の夜間中学運動のなかではもう一つの展開が進行していた。

平成二十七年十月十七日の『三十周年集会』での馳浩文部科学大臣の講演の時に、埼玉県議会や川口市・さいたま市といったところに「夜間中学を支える会」(仮称)などの議員連盟はありますか？　との問いかけの発言があった。それとは少し違う形で、埼玉に公立夜間中学校が必要であるということの「賛同議員」を募る取り組みは行ってきていた。国・県・市町村議会の約六十名から賛同の意志を示してもらっていた。ただ、そのなかには自民党所属の議員は一人も入っていなかった。やはり自民党を含む超党派にしなければ意味を持たないとの思いもあり、平成二十七年七月二日には、国会の与党である公明党の萩原県議会議員に間に入ってもらって、自民党の立石県議会議員と面談して議員団との話し合いの道を開こうとした。しかし、五十三名と多人数の議員団のなかにはいろいろな考え方の人がいるとして実現していなかった。

また十二月の、さいたま市議会で国の機関に対する「夜間中学の整備と拡充を求める意見書」が全会派一致で採択されたことを受けて、さいたま市議会の自民党議員団に対する話し合いの要望書を提出した。平成二十八年の一月のことである。

その後連絡を入れても団長の不在を理由にしたりして応じてくれそうになかった。その状況を受けて、三月の事務局会議で話し合ったところ、「馳文科大臣に、議員を紹介してもらっては」ということになった。話は思いがけなくスムーズに進み、地元川口市選出の衆議院の新藤義孝議員をはじめ、豊田真由子・牧原秀樹・柴山昌彦・中根一幸の各議員五名を紹介してもらえたのである。

事務局から要請していた新藤議員との面談が四月六日の四時と決まったので、先にほかの議員事務所に挨拶まわりに行った。議員本人とは誰も会えなかったが、応対に出たどの秘書も「馳大臣から聞いていますよ」と快く接してくれた。

新藤議員には、埼玉の夜間中学設立運動の起こりときっかけ、自主夜間中学の様子といったことや、埼玉県や川口市・さいたま市などの行政の対応についても詳細に聞いてもらうことができた。

その席の最後の方で、これまでの賛同議員を募る取り組みから大臣の助言に基づく超党派による「夜間中学を支える埼玉議員の会」（仮称）の結成に向けた考え方に対しても協力を求めた。また、地元でもあるのでぜひ自主夜間中学を見学してほしいとお願いした。新藤議員はその場で、都合をつけて行くようにするとの返事があった。その場合、ほかの議員の同席もやぶさかではないという同意も得た。

議員と話をしている間にも秘書が入ってきて小さなメモを差しだす。そんなことが二度はあった。新藤議員は次の来客が控えている状態でありながらも、私たちとの面談に四十分近くの時間を割いてくれたのだった。

新藤議員との面談から一週間後の十三日に中根一幸議員と会うことができ、それからしばらくして五月二十四日の川口自主夜間中学の視察の日程が決まった。すぐに、馳大臣から紹介のあった他の四人の議員と、埼玉県議会や川口市・さいたま市議会の自民党議員団はもとより、賛同議員になってくれている民進党、共産党の国会議員にも視察の案内状を出した。その一方で、県議会の六つの会派に要請文を提出した。経緯を知ってもらえる参考になると思うので全文を紹介する。

超党派「夜間中学を支える埼玉議員の会」（仮称）結成に向けて

埼玉県の住民自治をめざして議会内外で奮闘しておられますことに、心から敬意を表します。

私たちは川口自主夜間中学を開設しながら、県内に公立夜間中学校を設立する運動をスタートさせましてから、三十年が経ちました。

昨年は、六月九日に「夜間中学等義務教育拡充議員連盟」（以下「議員連盟」という）の十三人の超党派議員による川口自主夜間中学の視察が実現し、十月十七日の三十周年集会には就任早々ご多忙な中を馳浩文部科学大臣が来て下さり、「立法化の現状と展望」と題して講演を頂きました。大きな節目にふさわしい、極めて意義深い三十周年集会にすることができました。

すでにご承知のように、夜間中学を巡る現状は大きく変わってきております。安倍内閣は第五次教育再生会議の中で、日本全国の都道府県に最低一校の夜間中学を設置する方向性を打ち出しました。馳浩文部科学大臣は、先ほど申し上げました十月十七日の講演で、「義務教育をどう支援していくのか。立法府で（議員立法を）成立させて頂きましたら、政府として法案の内容に従って万全の体制で支援させて頂くというのが民主主義のルールであり、大臣としての立場であると考えています」と、エールを送って下さいました。

私たちはこれまで埼玉に公立夜間中学校設立の実現に向けて、埼玉出身の国会・県議会・市町村議会の議員の皆様に『賛同議員』になって頂く取りくみを行ってきました。その数は延べ六十人になっていますが、この度、国会と同様に超党派の「夜間中学を支える埼玉議員の会」（仮称）に発展させてはどうだろうかと考えています。これは、昨年の「三十周年集会」における馳浩文部科学大臣の講演におきまして助言を頂いたことにも由来しております。

馳浩大臣はその後、衆議院の新藤義孝議員をはじめ五人の埼玉選出の自民党に所属する国会議員を紹介して下さり、新藤義孝議員と中根一幸議員とは面談を実現することができました。両議員とも、この方向性に賛意を示して下さっています。お陰さまで、自民党を含む超党派の会にするきっかけを頂くことができました。

そこで私たちはまず県議会における六つの党派会派の方々に、この主旨についてご理解を頂きたいと考えております。つきましては、代表の方々と一同に会した場所で話を聞いて頂くことはできないでしょうか。ご多忙とは思いますが、ご検討をよろしくお願い申し上げます。

県議会における六会派とは、自民、公明、共産の各党と「民進党・無所属の会」「無所属県民会議」、それに「無所属改革の会」である。民進、公明、共産の三党はすでに柱になってくれる議員がおり、二つの無所属の会とも一定のつながりは保たれている。最大会派の自民党とのパイプがどうしてもほしかった。

五月二十四日の自主夜間中学の視察は、昨年二回経験していることもあって比較的落ちついた雰囲気だった。議員さんが来る時はいやだと言って、昨年の視察の時には欠席したNさんも今年は来て、教科学習のグループのところで勉強していた。

七時から四十五分間の授業見学の後は「意見交換会」である。生徒・スタッフの発表と金子代表からの自主夜中としての要望、私からは「埼玉の公立夜間中学校設立運動のこれまでと法制化の現状」について報告させてもらい、そのなかに超党派による「夜間中学を支える埼玉議員の会」(仮称)結成をめざしていることを盛りこんだ。最後の挨拶に立った新藤議員は、勉強の様子を見させてもらったことについての感謝と、支える会の結成についても協力していくとのことばがあった。

この日の出席議員は、国会議員四名、県議会議員五名、川口とさいたま市議会議員七名の、総勢十六人だった。新藤議員本人のことばにあったが、自民党、民進党、公明党、共産党の超党派による議員視察となったのである。そしてそのなかの六人が、自民党の議員であったことは今後につながる可能性を内包していた。

視察を終えてすぐに全議員にお礼の手紙を書き、新藤議員事務所には直接挨拶に出向いて、県議会議員団の窓口になってくれる議員を紹介してもらおうと考えていた。しかし、六月一日の国会の会期末と同時に参議院選挙モードとなって実現できなかった。

議員立法が継続審議となり、埼玉の「夜間中学を支える埼玉議員の会」（仮称）の結成も七月十日の投票日以降となる。だが、途切れることなく取り組みを継続しながら好機を待つことにしたいと考えている。これらが相乗効果を起こして、設立の実現を引き寄せることにつながるように期待したい。

ともあれ、私たちの「川口自主夜間中学を運営しながら、埼玉県内に公立夜間中学校の設立をめざす運動」は、国籍や年齢、性別を超えて、学びを求めている人たちの願いをかなえることを目標とした市民的な取り組みである。そのことを肝に銘じて、これからも歩んで行きたいと考えている。

第2章 川口自主夜間中学の歩み

教室が抱える課題と向き合いながら

金子和夫

『互いに学ぶ』ということ

川口自主夜間中学を開設してから三十年になります。一九八五年（昭和六十年）当時、埼玉には義務教育未修了者がたくさん在住していて、毎年二十人前後が東京の公立夜間中学までわざわざ通っていました。そのことを知った有志が、その年の九月に「埼玉に夜間中学を作る会」を発足させて、同じ年の十二月から「自主夜間中学」がスタートしたのでした。はじめ六名から出発した後は、徐々に人数も増え、現在では年間延べ人数が三、〇〇〇人近くになります。一回に来る人数も四十人ほどが毎回参加をしています。スタッフは大学生、会社員、主婦、元会社員、元教師、大学教員といろいろな職種の人がボランティアで参加をしてもらっています。遠くは片道二時間もかけて来てもらっています。

教室で大切にしているのは『互いに学ぶ』ということです。教室では常に学習者の立場に立つことにしています。学習者が中心ですから、学ぶ人が何を学習したいかから入るようにしています。教科でいえば数学（算数）が得意な人もいるでしょうし、国語が得意な人もいるでしょう。それを中心に学習を始めると、徐々に自分でもできるという自信が作られ、必ずほかの教科へと変わっていきます。嫌いな教科をしていても成長がありませんが、自分の好きな教科から始めるのですから、学習する喜びが出てくるのです。

また、ここで学習をしようとする人は、学校時代に何かしらの心の傷を負っています。それは学習ができないため劣等生でいたり、友だちからばかにされることもあるでしょう。やがて、年齢が上がり自分を振り返った時に、学習をしたいと思っても、中学校を卒業すると学ぶ場所がありません。将来への不安が増し、さらに心の傷は深くなってしまいます。安心できる場があるなら、遅れたことを気にすることなく自分流の学習ができるのです。このような場が、川口自主夜間中学なのです。

ただ、この『互いに学ぶ』というモットーは、川口自主夜間中学だけのものではありません。私たちより二年先輩にあたる松戸自主夜間中学も心得のなかに次のことをあげています。

(1)来るもの拒まず。
(2)一人ひとりを大事にする。
(3)教えられる人と教える人の間に隔てはない。

従って、公立・自主を問わず夜間中学のなかで培われてきた伝統を、受け継いでいるといった方がよいでしょう。

註（「新たな出発《たびだち》の今《とき》」―松戸夜間中学校の三十年―・桐書房）

貧困の問題について

夜間中学は社会の諸矛盾の縮図と言われているように、様々な問題をかかえています。貧困のことも川口自主夜間中学にとって避けて通れない問題の一つといってよいでしょう。

貧困のために電車賃が出せないと困っている人もいるのです。高校へ行くためにここで一生懸命に学習していた人も、入学金が納められないことから、入学をあきらめなければならない事態も生まれています。格差社会が進むなか、貧困で受験期を迎えても両親からお金を出してもらえるかと悩む人や、親がシングルのために迷惑を掛けられないと受験をあきらめる人もいます。よく生活保護を受ければといわれますが、生活保護は最後の手段と考える人がいます。

また、小さい時に病弱で学校を就学免除されていた人がいます。現在四十歳ですが履歴書が書けません。生活保護を受けていますが、年金を受け取りに行くたびに「働けと言われるが、履歴書が書けない」と言います。一九七五年までは特別支援教室がないために、就学を免除されていた人がいます。

不登校のために学校へ行っていなかった人は、小学校・中学校の学習がわからず「自分のどこかに穴があいているようだ」と、ここで学習している人もいます。なかには学校へ行っていたけれども、「何をしているかわからず、何もわからずに終わってしまった」と言う人もいます。どれくらいわかっていないかを見ると、確かに基礎ができていないようです。ですから恥ずかしく思うのでなく、ここでしっかりと学習して自分の目標を作るようにしています。

外国人の学びの場として

教室で重点に取り組んでいることに、教科学習があります。教科学習とは学校で習う教科ですが、これと併設して日本語の学習を行っています。

川口市の外国人は全国でも、人口比で四位の在日外国人がいます。教室にも毎回のように新しい在日外国人が入ってきます。就労で来る人が多いのですが、最近は父母のもとで子どもを育てる人が多くなり、進学が課題になっています。

埼玉県には、外国人枠というのがありますが、受験点数が高くないと入れません。他県には、募集人数に達しなければ合格が認められる所もありますが、埼玉県は点数を取らなければならないということです。このために全日制をあきらめて定時制に行くこともあります。高等学校へ進んでも、外国人への支援者がいないために学習がわからず、高校を中退するケースも多くなっています。

小・中学校で外国の子どもたちに対してどのように学習保障をしているかというと、外国人には日本語教室を開いていますが、その時間は国語や社会の時間を使っています。そのためこの二教科の学習はほとんどできないことになります。

また、川口市独自で日本語教室を持っているといいますが、その時間帯は午後三時～五時までで、学校での授業中に開かれているのです。中学生にとっては、受験科目が五教科でありながら学習ができないのです。外国人枠では国語（作文）もありますが、これも勉強できない状態です。

充実した自主夜間中学のために

平成二十七年は三十周年という大きな節目の年でした。その節目の年に、大きなできごとがありました。五月八日に埼玉選出の参議院の西田実仁議員が一議員として、そして六月九日には「夜間中学等義務教育拡充議員連盟」の馳浩会長や笠浩史事務局長をはじめ超党派の議員十三名（一名秘書代理）が視察に来ました。これは東京の足立区立第四中学校と大阪府守口市立第三中学校に続く三校目でしたが、自主夜間中学としては初めてのことでした。

この日は、県議会や県の教育委員会、川口市、さいたま市の市議会議員及び教育委員会などもかけつけてくれました。また、新聞社とかテレビ局といった報道関係の取材も多数ありました。

授業見学の後に意見交換会があり、そのなかで教室として、「議員連盟」の方々に次のような要望を提案しました。

一、学校を会場にしてほしい。（会場費無料）

・不登校　ひきこもりの人たちが学校という場で学習することにより、自信をつけ再出発ができるようにする。

・夜間中学に通うことができない学齢期超過者にとっても、社会に出る準備を学校という場でできるようにする。

・在日外国人が学校の場からいろいろと学ぶことができるようにする。

二、スタッフ（教える人）を増やすために行政の広報を使い募集をしてほしい。
・学びたい人はたくさんいるが、教える人が増えていないので宣伝をして増やすようにする。
・教員退職者などに行政からも働きかけをする。
三、不登校生に対してはここで学ぶことも出席として認めてほしい。
・昼間学校へ行けなくても、夕方から元気になりここで学んでいる人もいるので、この人たちを学校への出席として認めるようにする。
・公立の夜間中学とも連絡を密に出席扱いにする。
四、小学校・中学校の教科書・外国人にはわかりやすい日本語の教材を配布してほしい。
・教科学習をしている子どもたちに無償で配布する、あるいは、スタッフ用として数冊を配布する。
・在日外国人にはわかりやすい日本語の教材を無償で配布する。
五、予算を組み支援してほしい。
・ボランティアによって成り立っている。交通費を出すようにする。
・運営費として年間五十万円くらいの助成をする。

その後、平成二十八年一月十二日の川口市教育委員会との『懇談会』でも、この要望内容を四点ほど盛り込みました。

①現在、かわぐち市民パートナーステーションと栄町公民館で教室を行っているが、学校施設を借りることはできないか。
②十六歳以上で、学習をしている形式卒業生・再学習をしたい人が来ているが、小中学校で使っている教科書を無償で配布できないか。
③学習している人は多いが、教える人が足りない状況がある。そこで、毎年教職等を退職していく人がここでボランティアができないか、呼びかけをすることができないか。
④学習をしたい人はいるが、どこへ行けば学習ができるか知らない人がいるなか、市の広報等に年一回以上載せることはできないか。

残念ながら市側の回答は、学校施設を貸すことも教科書の無償配布もむずかしく、ボランティアの募集や学習の場を市の広報で知らせることもできないという、消極的な回答内容ばかりでした。この日はあくまでも『懇談会』の位置付けでしたので、これ以上強く求めることはせず、引き続き話し合いを行っていく約束をして終わりました。

自主夜間中学はこれまで、金曜日の教室として使用している栄町公民館が長年、使用料の半額だけしか助成を受けていませんでした。そこで、生徒・スタッフ同席のもとで川口市と交渉を行って、全額助成の回答を引き出した経験があります。

これからもあきらめず、自主夜間中学の充実をめざして、生徒・スタッフ共々努力していきたいと考えています。

十五歳の春に泣かせない

二〇一六年五月六日（再放送六月二十五日）にNHKで「学び続けたい～夜間学校　15歳の春～」が放送されました。貧困のために高校受験を悩んでいる二人を取材した内容です。今、六人に一人の子どもが貧困に苦しんでいます。この番組に出た二人は母子家庭、父子家庭で育っています。生活保護に頼ることなく子育てが続いています。

高等学校へ進学するためには、入学時に十万円から二十万円が必要になります。高等学校の授業料は、収入が九一〇万円以下は無償になっていますが、入学時にはお金が必要です。入学後は授業料以外に減免制度（非課税の人）を使うことができますが、この制度を知らない人もいます。教室に来ていた人で、高校に合格が決まっても、お金を用意できず残念ながら行くことができなかった人がいました。このような時、教室に貸せる資金があればとくやしい思いをしていました。

この番組を視聴して下さった方から支援をしたいという声がたくさん寄せられました。実際に支援金も送られてきています。

そこで「川口自主夜間中学育英基金」を立ち上げることにしました。この基金で高等学校の入学時にかかる費用を支援することにしました。また、入学した後もお金がないことで中退をしないように支援します。十五歳の春にお金がないことで泣くのではなく、お金がなくても進学ができるようにと願っています。

ある女性スタッフの日々

岡本 たづ子

一枚のチラシから

私が川口自主夜間中学とかかわりを持つようになったのは、一九八六年である。「埼玉に一日も早く公立夜間中学を！」のビラを、大宮北高校に入っていた次女から手渡されたのがきっかけだった。

戦後間もない頃の物がなく、生きることに必死だった時代、義務教育を満足に受けられなかった人たちのためにできた「公立夜間中学」。東京を含む近県では、埼玉県にだけ設立されなかったという。毎年、二十名近くが都内の公立夜間中学へ通っているそうだ。そして「埼玉に夜間中学を作る会」の準備委員に、大宮北高校の先生方が入っていたから、なお身近に感じたのだった。講師や生徒募集のチラシを見て、週一回ぐらいなら仕事をしながらでも大丈夫だろう、と応募したのだった。

春まだ浅い三月、一九八五年十二月三日に開設された川口市にある栄町公民館の自主夜間中学校へ出かけた。毎週火曜日と金曜日に、栄町公民館で六時半から八時半までやっているのだ。講師には若い人たちも多かった。また、生徒には年配の人だけでなく、中学生や外国の人たちもいた。マンツーマンで教えるので、みんなよく勉強していた。

私は週に一回行くようにしていた。しかし仕事の関係で行けないことが重なり、一年ぐらいで教えに行くのをやめ、その後はカンパと会費を収めるだけになっていった。でも、会員なので会報の「銀河通信」は、いつも送ってもらっていた。

再び私が川口の自主夜間中学へ通うようになったのは、十年後の一九九六年、埼玉学園を定年で退職した年である。前年の「埼玉に夜間中学を作る会・十周年集会」に参加したことがきっかけだった。

「作る会」の責任者である野川義秋さんの話を聞いて、講師や生徒、そして会員の人たちの埼玉に夜間中学を作ってほしいという熱心な活動を知った。それなのに、十年もたつのに県をはじめ川口市でも、誠意ある取り組みが全くないことに怒りを覚えた。

夜間中学の講師として

自主夜間中学は、火曜日は青少年センター、金曜日は栄町公民館で、同じように午後六時半から八時半までやっているというので、私は火曜日に講師として参加することにした。生徒には日系ブラジル人の中年の女性、ダウン症の女の子、中国人の若い女性が二人、中学の卒業証書はもらったけれど、小学三年生の漢字から勉強している若い男性、不登校の女子中学生、働きながら通信制の大宮中央高校で学ぶ女性、八十歳を過ぎて「ひらがな」を習いたいという年配の方、などなど多彩な顔ぶれだ。

講師も地方公務員の野川さん、現職の中学教師で、山田洋次の映画「学校」を見たのがきっかけという毛利さん、教師を退職し塾をやりながら野菜の栽培をしている蓮さん、落語家「呑気家呆丁」の名前を持つ徳丸さん、よく新聞などに自分の意見を投書している芹沢さん、主婦の広瀬さん、小学校教師で火曜日、金曜日と精力的に参加している金子さん、宴会部長の増田さん、ギターの上手な長谷部さん、金曜日の中島さん、なにか行事があると先頭に立って動いてくれる養護学校の教師の藤掛さん、外国女性に人気のある野村さん。その他いろいろな方が参加して協力してくれている。

夜間中学で

八十歳を過ぎて
「ひらがな」を習いたいと
漢字練習用のノートに
「あ」のつく言葉「い」のつく言葉
真剣な面持ちで鉛筆を動かす姿が
とてもまぶしい

五年生の時から奉公に行かされ

口に言えない辛い日々
成人しても学歴がないため
仕事についても
真っ先に首にされた
勉強の合間に昔の話を聞かせてもらう

母と同世代のおじいさん
いちばん苦労して戦後の日本を
支えてくれた人たちだ

いつも元気な顔を見ると
「ご苦労さま」と心でつぶやく

毎週火曜日、川口の青少年センターに足を運び年配の方に「あいうえお」の手ほどきをする。大変な苦労をしてきた方だけれど、とても明るく、これから手紙などを書けるようになりたいと、熱心な姿に頭が下がる。

いつも帰りの会をしてくれるダウン症の女の子。お母さんが一緒に来て、帰りにまた迎えにくる。小学校、中学校は養護学校に行かずに、地元の普通学校に通ったそうだ。中学校を卒業してからこの自主夜間中学に来ている。明るくかわいいみんなの人気者だ。

自主夜間中学では学ぶ人も、教える人も忙しい人たちが多い。ことに外国の人は、生活が大変なので、どうしても休みがちになる。ベトナムから来て、車の免許を取りたいと言っていた青年は、三か月ぐらいで来なくなってしまった。一年近く通ってきていた中国の姉妹もいつの間にか来なくなってしまった。ブラジルから来た森井さんは、自分の国に帰る間際まで熱心に自主夜間中学に通い続け、いつも笑顔で話しかけてくる。

「みんなと話すことも勉強ね、日本のいろいろなことを教えてくれる」

でも時には痛い批判を口にすることも多かった。

「日本の人は、ものをはっきり言わないのでわかりづらい」

ベトナムの若い男性チンさんは一生懸命勉強して、川口市の定時制高校に入学した。彼のくれた日本語の年賀状が、勉強の成果を物語っている。

ニカラグアから来ていたマリアさんは帰国したが、いつも日本語を教えてもらっていた講師の野村さんに「ニカラグアにきてほしい」と電話があり、野村さんはゴールデン・ウイークに訪ねることになっている。

中国人の李さんはいつも決まった時間に来て、講師の徳丸さんと日本語の勉強に懸命に取り組んでいた。働いていた会社が倒産して今は中国に帰っているが、新しい会社に勤めることが決まったので、六月に日本に来たら、また自主夜間中学に入るそうだ。

ここのところ増えているのは不登校の中学生だ。子どもたちの親があれこれやってみてもなかなからちがあかず、不安にかられて自主夜間中学を訪ねる、というケースが多い。

中学二年で自主夜間中学に来て、半年ぐらい通って自分を取り戻して自信をつけ、中学三年から学校に戻った生徒が二人いる。なぜなのかなと考えてみると、講師の人たちをはじめ学んでいる人たちは自分よりずっと年配の人で、外国の人など様々な人たちと交わることによって自分を見つめる余裕が生まれ、視野が広がっていったのではないだろうか。そしてマンツーマンで自分の苦手な教科を教わることによって、自信がつく。やはり子どもたちにとって、活動の場を広げることが大事なのだと思う。

交流の輪が広がる

講師も生徒も都合のつく人は、夜間中学の帰りに駅の近くにある「ふるさと」という居酒屋に寄り、それぞれ好きなものを飲みながらおしゃべりをする。初めて見学にきた人、取材にきた新聞記者なども参加する。「劇団埼芸」（以前にこの夜間中学を取り上げて劇にした）の人たちなども「ふるさと」に来て仲間入りする。この「ふるさと」での飲みながらのおしゃべりが、夜間中学をめぐるみんなの交流の輪を広げるのに役立っている。

夜間中学では、勉強だけでなく楽しい行事もいろいろある。

まず一斉授業である。いつもはマンツーマンで授業を受けているが、年に何回か、いろいろなテーマで講師を決めてみんなが参加して授業を受ける。心に残っている一斉授業といえば、徳丸さんの落語の授業だ。いつもは英語を教えているのに、その日は見なれない和服姿であらわれた徳丸さん。頬を染めながら、英語についての「授業」。少しずつ気合が入り、落語家「呑気家呆丁」に早変わり。演じられたのは「開帳の雪隠」と「時そば」。解説付きなので、外国人の生徒も一緒に笑い、とっても楽しい授業だった。そして自主夜間中学を取材しているフォト・ジャーナリストの吉田さんによる、「カンボジアを取材して」の一斉授業も記憶に新しい。現地の写真を見ながらの話はとても興味深く、みんな真剣に耳を傾けていた。地雷で手足を失った人たちの姿に心を痛めながらも、その人の明るい表情が救いだった。

一斉授業に次いであげられるのが「餅つき大会・新年会」だ。いつも江藤先生のお宅を借りて行われる。この頃では一般家庭では見られない木の臼と杵を使ってのお餅つきだ。講師の先生方や、有志の人たちが奥さんの指示に従って、あんこや黄粉やからみなど、また様々な食べ物なども用意する。みんなで「ぺったんこ」とお餅をついて、あとはお餅を食べながらのおしゃべりやゲーム、歌に参加して楽しい一日を過ごす。

三月は卒業式。高校に進む人、大学に入った人、自分の国に帰る人などにささやかな花束を渡し、一言ずつ話してもらい、あとはみんなでお菓子を食べながら談笑する。

そして四月には、川口、江東、松戸の自主夜間中学合同のお花見会がある。場所は持ち回りで、みんなに呼びかけ四十名近くがお料理や飲み物を持ち寄って、さくらの花の下で語り合う。ふだん交わりのない人たちとも、おおいに交流を深めることができる。

埼玉に公立の夜間中学を

川口自主夜間中学と公立の夜間中学設立運動の母体となる「作る会」の活動も大切である。この「作る会」の活動は、協力会員費とカンパに支えられている。会員には機関紙の「銀河通信」が二か月に一回送られてくる。活動としては、「埼玉県内に『日本語学級のある公立中学校夜間学級』を作ってほしい」という署名を、川口、浦和、大宮などの駅前で行っている。また、県内の未就学者を調べたり、県や川口市に対して署名や要望書を提出したり、交渉を行っている。

一九九八年は埼玉県と川口市に集会で採択した要望書と追加署名を提出した。その日はＮＨＫ浦和放送局が取材して、夕方六時からの「首都圏ネットワーク」で放送された。公立夜間中学を必要としている人たちのこと、今まで集めた三万人署名のこと、県と川口市へ要望書を出し、文書で返事をもらうことなどの話をした。今まで誠意のある回答が得られなかったので今回もあやしいものだが、いろいろな方法で宣伝していくことが大切だと思う。

「作る会」は毎年、周年集会を開いている。十三周年集会は北浦和の労働会館の会議室を借りて行った。この何年間かは川口で行っていたが、財政が厳しく少しでも安いところでと、労働会館になったのだ。当日、私は仮会計を担当しているので、おつりの五百円玉と、カンパ箱を持って早めに会場へ行った。一時半から始まるので、受付やアンケート、はり紙の用意をみんなですませる。

ふだん勉強に来ている人や講師のみんな、またＯＢの人たち、そして埼玉と同じように自主夜間中学を運営しながら、公立夜間中学の設立運動をしている千葉の松戸、東京都江東区の仲間など、五十名以上の人たちが参加した。ちょっと残念だったのは、一般の参加が少なかったことだった。新聞などで呼びかけてはいたが、秋の行楽日和とあっては無理もないだろう。

代表の野川さんの「この一年間の歩み」に始まり、夜間中学生の発表があった。埼玉、江東、松戸の自主夜間中学、世田谷区立新星中学などの公立夜間中学、そしていつも見学にきている自由の森学園の高校生などだった。そのあと質疑応答が行われ、各地の運動の報告がされて休憩にはいる。

二部はリラックス・コンサート。江藤先生のいろんな物を叩きながらの演奏に、長谷部さんのギター演奏。集会が終わってからは駅前の飲み屋で懇親会。またいろんな人たちと友だちになることができた。

新しい試みとして「夜間中学ホットライン」に取り組んだ。この運動を始めるきっかけとなったのは、以前からの「夜間中学入学希望調査」をさらに推し進めるためだった。

一回目は、六月二十六日、二十七、二十八日の午前十時から午後八時。連絡場所は「市民じゃーなる社」。事前PRとして県庁の県政記者クラブで記者会見を行った。

その時の朝日新聞の記事である。

『夜間中学への質問をどうぞ―市民団体がホットラインを開設――今日から三日間、「夜間中学ってどんなところ。そこで学ぶにはどうしたらいいの」――こんな疑問に答えようと、「埼玉に夜間中学を作る会」(野川義秋代表)が二十六日から三日間、「夜間中学ホットライン」を開設する。

戦中戦後の混乱や病気、不登校といったさまざまな事情から、義務教育を満足にうけられなかった人を対象に作られた夜間中学。その大半は公立だが、首都四都県で埼玉県だけ公立の夜間中学がない。

一九八五年に発足した同会は、公立夜間中学開校を働きかけるかたわら、川口市を拠点に「自主夜間中学」を開き続けてきた。

しかしボランティア頼みとあって運営や教室の確保が難しかったり、中学卒業資格が得られず国家試験が受けられなかったり、といった限界も。そこで、なんとか公立夜間中学の開校にこぎつけようと、昨夏からは入学希望者の声を集める運動にも取り組み始めた。「仕事や家庭などの事情から都内の公立中学まで通うことはできないが、県内であればぜひとも勉強したい」といった声を幅広く集めて伝えれば、行政を動かすことができるのではないか、と考えたからだ。公立夜間中学の設立署名は、三万人が集まった。

野川さんは「読み書きや計算などの知識がないばかりに、役所で手続きひとつするのにも大変な思いをしたり、就職もままならなかったり、という人がいる。こういう人たちが安心して学べる場が必要」と話す。

反響はあった。十三件もの電話があり、未修了の人、もう少し勉強したい気持ちの人、不登校の子どもの母親など切実な声が聞かれた。そして十月十六日から十八日に、二回目の「夜間中学ホットライン」を埼玉教組本部事務局で行った。相談だけでなく講師希望の人や見学したい大学生などの連絡もあった。

「狭山事件」石川一雄さんの講演会

年が明けて二月には、昨年から準備をしてきた「狭山事件」の被告石川一雄さんを招いての講演会が開かれた。朝日新聞に掲載された「中学に通いたい」という見出しで石川早智子さん（石川一雄さんの妻）の「一雄さんは学校ではほとんど勉強できず、逮捕されてから独房で字を覚えたそうです。でも『学校の休み時間に友達とあそんだのが楽しかったよ』とよく言います。実現したら私も一緒に通いたい」という記事を、「埼玉に夜間中学を作る会」のメンバーが読んだのがきっかけだった。

公立夜間中学の設立を目指しながらも、行政の厚い壁に阻まれてなかなか展望が見い出せないなかで、石川一雄さんが獄中で必死に読み書きを覚えた貴重な体験を聞くことによって、「学ぶこととは、学校とは、生きることとは」ということをもう一度とらえ直し、今後の活動に生かしたいと、今回の催しになったのだ。

「石川一雄さん・生い立ちを語る」の講演会は、浦和のさいたま共済会館で開かれた。石川一雄さんは狭山事件で、無期懲役の不当な判決を受け、無実を訴え続けている。一九九四年十二月に三十二年間の獄中生活から解放されて仮釈放の身とのこと。

石川さんは、死刑囚を収容する監獄で、石川さんの無実を信じていた看守さんから文字を教えてもらったそうだ。余ったちり紙をノート代わりにもらって、看守さんが一筆ずつ書いたものを見ながら覚えたという。そして、文字を覚えいろいろな本を読むうちに、自分を冤罪に陥れたのは部落差別である。このような差別がなくならないかぎり、文字を奪われ、冤罪をかけられる人たちが跡を絶たないことを学んだ、という話は私たちの心を揺さぶった。

石川さんの講演によって、今さらのように被差別部落の人たちが、ひどい差別のなかで身を細らせながら生きてきたことを知って驚いた。石川さんが、一日も早く、無実を勝ち取り夜間中学で学ぶことができるように、私たちもがんばりたいと思った。

一九九九年五月二十五日も午後六時半すぎに、川口の青少年センターで開かれている自主夜間中学の会場に行った。新しい生徒である、ベトナムとマレーシアのファムさんとオーさんが、野川さん、野村さんと一生懸命勉強していた。漢字の練習をしている人。徳丸さんに英語の勉強の仕方を教わっている、今日はじめての女性もいた。私は遅れてきた生徒さんに、大宮中央高校の教科書を読みながら説明し、練習問題を解く勉強を進めた。

一日も早く公立の中学校をと願いながらも、こうしてみんな自主夜間中学でがんばっている。

註（「生きててよかった」岡本たづ子・東銀座出版社から一部転載）

埼玉の夜間中学との出会い

小松　司
小松　愛子

息子が荒川第九中学校夜間学級に入学

二〇〇四年二月七日、「埼玉に夜間中学を作る会」・「川口自主夜間中学」主催のドキュメンタリー映画『こんばんは』が、蕨市民会館ホールで満員の参加で上映が成功裏に行われました。

私たち二人も、この上映会の参加者として感慨深く鑑賞していました。「夜間中学」は私たちにとっては「忘れること」ができない言葉なのでした。それは息子が荒川第九中学校夜間学級に入学でき、そして人間としての生きる力を持つことができたからです。

息子は長い間、自分を見つけ出せないまま小学・中学の時期を自宅で過ごしていました。いわゆる不登校（当時は登校拒否と言っていた）でした。親の私たちはとにかく学校に行かせなければ、息子の将来はどうなるのか、世間体などもありました。本人はそれ以上に苦しかっただろうと思います。妻からの提案で「夜間中学というのがあるよ」と声をかけました。彼もアルバイトの体験から、勉強しなければと思い始めていたちょうどその時だったようでした。

森康行監督の『こんばんは』より前に制作された、山田洋次監督の映画『学校』に描かれた、あの女生徒が意を決して「入学したい」と、両親と西田敏行さん演じる黒井先生との面接の場面は、私たちと息子が夜間中学の見城慶和先生と面接した時そのものでした。

そして荒川第九中学校の夜間学級に入学を許可していただき、夜間学校へ通うようになりました。川口から学校まで自転車で片道一時間ほどの道のりを通いとおしました。だんだんと精気が戻ってきました。通学途中でパンクすると、自分で修理するなど積極的に生活する姿勢がうかがえるようになりました。

何よりもクラスにとけ込み、勉強に、クラブ活動にと積極的に取り組みました。一方でクラスには同年代や年輩者、ベトナムなど外国籍の同級生がいて、教科の勉強だけでなく、これまでになかった、人との付き合い方、礼儀作法など目に見えない人としての生き方を学べたのではないかと思っています。おおいに人間性が高められたのでした。

私たちも、弁論大会や都立夜間中学合同運動会で八王子、大田区など、各地へ時間を作って参加しました。いろいろな国から年代も幅広く、まさに万国の国々からの運動会だと驚きもしたし、大変楽しい運動会でした。

映画『こんばんは』の一シーン、三浦さんの「一升飯のおにぎり」は三浦さんの心を表したおにぎりだと解釈しました。そして、夜間中学のいろいろな行事や通信から私たちのこれまでの苦しかった時間が、一つひとつ克服でき、前に進むことができました。

息子は夜間中学を卒業して高校、大学へと進学し、今は社会人として家庭を持ち、子どもを育て、日々の生活を送っています。夜間中学と出会えて、本当によかった。ありがとうございます。

私は感謝の気持ちを忘れずに働いていました。定年が近づいてきた二〇〇三年の押し迫ったある日、「埼玉に夜間中学を作る会」事務局の藤掛さんから、『こんばんは』上映会の案内と終わってから、会いたいと連絡をいただきました。見城先生の後輩とのことだったので、「お会いしなければ」と思い上映会に参加しました。

この日が「埼玉に夜間中学を作る会」との運命的出会いとなったのでした。

「埼玉に夜間中学を作る会」に参加

上映会の散会後、喫茶店で藤掛さんにお会いしました。小柄でしたが教員としての誇りと情熱を感じました。そして「埼玉に夜間中学を作る会」の代表である野川さんを紹介されました。野川さん、藤掛さんのお二人から「埼玉に夜間中学を作る会」の主旨、活動状況、現状について話しがありました。「ぜひ協力を」とのお誘いをいただきました。

これまでの私たちの夜間中学への感謝を考えれば、「断る」なんの理由もありませんでした。さっそく北浦和駅近くの労働会館の一室で開かれた、一月の事務局会議に妻と二人で参加しました。しかし会議は野川さん、藤掛さん、私たち二人の四人きりでした。まさに風前の灯状態だったのでした。私たち二人がそう思ったのとは裏腹に、野川さん、藤掛さんは会議が四人になったと心強く思ってくれていたようでした。それからもしばらくの期間は四人での会議が続きました。

川口市の施設「リリア」が開設され、川口自主夜間中学がこの中に入った「ボランティアサポートセンター」に会員登録していたことで、会議室の無料使用ができるようになったのです。そして四人だった会議の参加者が、五人、六人とだんだん増えていきました。そして中国出身で、今はスタッフでもある李潤清さんに出会ったのでした。

「埼玉に夜間中学を作る会」「川口自主夜間中学」が創立二十周年を迎えた二〇〇五年は、この二十周年集会成功に向け、大奮闘した年でした。

二〇〇五年二月十一日、李さん宅で「春節」（中国の正月）を祝う会が持たれました。会のメンバーが参加し、二十周年集会の成功に向け大いに飲み、語り一つの結束の場となったのでした。

それからは各自の仕事の分担をしました。なんといっても参加者集めが大事だということで、これまでの会への賛同団体、個人の主だった人を訪問しようと、浦和市、川口市を中心に参加を要請しました。団体としてはＪＲ東日本労働組合に当日の参加はもとより、いろいろな面で積極的に協力していただきました。

一方では、自主夜間中学の授業の終りの短時間を使い、「歌」を歌い周年集会への参加へと盛り上げる活動にも取り組みました。

二〇〇五年九月三日、「埼玉に夜間中学を作る会」「川口自主夜間中学」の二十周年集会が、大宮ソニックホール小ホールに二七〇人の参加者を集め、大成功を収めることができたのでした。

この頃から、「埼玉に夜間中学を作る会」と「川口自主夜間中学」との合同会議を持ち、「設立運動と自主夜間中学の教育」を一つの活動に位置付けよう、との方針が提案され議論してきました。また事務局の藤掛さんが、仕事の関係で会議への参加がむずかしくなってきていたこともあり、二〇〇六年二月十五日の会議で「埼玉に夜間中学を作る会」「川口自主夜間中学」の合同会議とする方針が決められ、その事務局長の任を私が担当することになったのです。このように二十周年集会の成功のなか、事務局会議に参加するメンバーとの交流が一層深まっていました。

そして二〇〇五年の「春節」で集まった時、妻の愛子が旧満州の長春（旧新京）に生まれたので、その場所へぜひ行って見たいと李さんに話したことから、旅行の企画がスタートしました。李さんは具体的に旅行計画やチケット、ホテルなどの手配を行ってくれました。二十周年集会が成功裏に終わった、同じ月の九月に「大連・長春・ハルピンルーツの旅」が実現したのでした。

中国へは初めての旅となりましたが、以下は小松愛子による旅行記です。

旧満州の旅

定年退職後、「埼玉に夜間中学を作る会」の活動に私は参加し始めました。その会で埼玉県川口市在住、中国・ハルピン出身の李さんと知り合い、私の思いを話すと、快く案内、通訳を引き受けてくれました。李さんが姪の結婚式に出席することで、二〇〇五年九月に訪問が実現しました。旅行者は案内役の李さん、スタッフの野村さん、夫と私の四名です。

二〇〇五年九月十六日から二六日までの十一日間。中国の大連・ハルピン・長春の三都市を巡りました。長春はもともと中国での都市名、満州国の時代は新京特別市と改め、満州国の首都でした。

九月十六日（第一日目）

午前九時三十分川口駅集合。李さんの荷物が大きく、日本のビールなどおみやげがいっぱいのようです。日暮里乗換えで、成田へ向かい、飛行機は十三時二五分発、中国南方航空六三〇便。出国手続きを無事終え、野村さんがカードのゴールド会員のため二名は無料、二人分の二一五〇円を支払ってラウンジに入り、まず旅行が楽しく、目的が達成できるようにとビールで乾杯。約一時間、はやる気持ちをゆっくり落ち着かせました。

そして、定刻を十分ほど遅れて三時間三十分のフライト。着陸寸前にエアポケットで急降下したが、無事大連に到着。時差はマイナス一時間です。

大連が中継地になるので、合計三泊しました。

荷物が大きいので、タクシー二台に分乗して、予約していた星海公園にあるホテルに到着。予約しているにもかかわらず、「気に入る部屋か否か」のチェックするのが常識とのこと。これにはびっくりしましたが、まずまずとして宿泊決定。ホテルの前は海水浴場が整備され、観光客や市民に人気があるそうです。ホテルから海をみると九月中旬でも海水浴客が泳いでいました。

休憩後、タクシーで繁華街へ出て、海鮮料理の夕食となりました。生きた魚介類をその場で料理してもらいます。旅行の会計責任者は李さんなので、いくらかかったかはわかりませんが、四人で五〇〇元の予算としていてその範囲で収まったとのこと。およそ七〇〇〇円です。

九月十七日（第二日目）

朝食はホテル近くの屋台へ。定番のお粥にいろいろな具を入れて、そのほか総菜を注文して料理してもらいます。朝食は四人で三十元。

このホテルに二泊の予定でしたが、もっと安くて便利なホテルに変えるということで、荷物をもってホテルを出ることになりました。予約も何もあったものではありません。

まずは大連の市内観光です。

大連は高度経済成長を続ける中国のなかでも、急速に大きく変化している都市で、産業都市です。日本企業名の看板がたくさんありました。

中国政府は経済的理由もあってか、日本統治時代に完成した建物を丁寧に保存し、利用しています。また、町の形も戦前とほとんど変わっていないそうです。現在も中山広場を中心として、放射線状の道路が整備されています。

中国の観光地といえば、やはり戦跡を案内したいようです。日露戦争の激戦地となった、東鶏冠山・二〇三高地。ガイドさんは日本人がどんなに残酷であったかを何度も訴えていました。そのような場面では、私たちは「厳粛に受けとめます」との態度で臨んでいました。

その後は蛇博物館、昼食後は大連森林動物園へ。スケールがすごい。サファリパークをバスに乗って、熊やトラ、ライオンなどの放し飼いになっているところを走り大迫力。水族館もあります。入場料は一四〇元。目が飛び出るほど高い。白いクジラとイルカのショウーもあり、一日童心に返って楽しみました。

九月十八日（第三日目）

大連中心から五十キロにある、東北エリア唯一の国家指定の海洋型リゾートエリアへ向かいます。風光明媚で海鮮料理のおいしいところです。金石灘国家旅遊度区といいます。

途中、大連金石像館に寄りました。いわゆる、ロウ人形館です。世界各国の有名著名人のロウ人形。日本人ではなぜか。高倉健でした。別館には毛沢東像章陳列館。文化革命の時に、日本でも目にしたことのある毛沢東語録、バッチなどがたくさん陳列されていました。中国での毛沢東に対する評価を見たようです。

目的地に着き、別荘もたくさんあり景勝地です。総面積は六二平方キロで海岸線は三十kmと長い。お目当ての海鮮料理を堪能しました。

そして、大連空港からハルピンに向かいます。午後五時二十分発、六時三十五分到着。親戚が迎えて下さり、高級車で一路、市内へ。空港を出てハルピン市内まで約一四〇km。高速道路だからもちろん信号もなく、とにかく市内までまっすぐです。

ハルピンはロシアが作った町。私の軍歌による印象では、凍てつく土地で農作物などできないといわれていましたが、今は中国第二位の都市です。李さんの育った町で、結婚式出席や村の小学校訪問の計画もあって、六泊もしました。

その日の夜は李さんの親戚縁者二十数名によって、「日本の友人」として歓迎の食事会が準備されていました。まずお兄さんのあいさつは、「日本の友人と会えてうれしい」と歓迎のことば。そして九月十八日は中国の人にとって大切な日。中秋の名月で、月餅を食べ、親類縁者が集まって交流を深める日。さらに「九・一八」は一九三二年（昭和七年）、関東軍によって「十五年戦争」「日中戦争」が起こり、その後満州国の建国など、中国人からみて「屈辱の日」であり、「決して忘れてはいけない日」ということでした。

私はにわか「中国語」で自己紹介。李さんの通訳で親しく交流。円卓には盛りだくさんの料理。度重なる乾杯！乾杯！で心から歓迎していただきました。

ホテルはロシア占領時代に作られた由緒ある、雰囲気のいいホテルでした。

九月十九日（第四日目）

いよいよ長春へ出発。長春には一泊の予定です。

当初、バスでの予定でしたが、李さんの甥の徳さんの運転で行きました。車は中国の高級車「紅旗」。スイスイと大変良い乗り心地。ハルピンから長春まで高速道路で二七〇km。午前十時出発、どこまでいっても同じとうもろこし畑風景です。日本のような景色の変化もなく、そして渋滞もなく順調です。

午後十二時三十分現地到着。高速道路を降りて長春に近づくと、大連・ハルピンとは違った光景に出会いました。それは、「人」がリヤカーをひいている光景です。そして、ロバや馬、リヤカー、自転車が荷物を運んでいます。はるか昔のミゼットが走っています。しかし、一方では高級車が。いろいろ入り乱れているのです。日本の戦後から現代までが凝縮されている感じです。道路沿いの店は今にもつぶれそうな建物などがあり、長春の町の〝貧しさ〟を感じました。徳さんが以前泊まったことのある東朝陽路の近くのホテルにチェックインしました。

事前に国立国会図書館で、昭和十六年の地図を入手していましたので、昼食後さっそく目的地へ。東朝陽路の通りは予想以上に広く、その一角はわかりましたが、番地は戦前と違っています。その界隈は、日本の公団住宅のような建物が林立しています。

七十～八十才過ぎの男性数人が、日なたで井戸端会議のようにしていました。当初二〇八番地と思っていました。地図上には二〇八番地がなく、レンガ作りの新京の教会の写真を持って行ったので、それを見せて

「教会がなかったか」を尋ねました。

そのうちの一人は、戦前日本人と暮らしたことがあると言います。また、違う老人は建物の管理の仕事をしたことがあると、「このような建物は、○○○にある」と言いますが、しかし町名が違います。一緒に行ってくれるというので、三か所を回りました。確かに持って行った写真とよく似た建物がありました。庭先まで入らせてもらって、窓の形を見ると似ていますが、やはり少し違います。現在は飯店として使われていました。

吉林大学の中に満州国の資料館があるので、そこで調べようとなって車で向かいました。地図に記されている東朝陽路の地番は、三桁かと思えば一桁の地番が散在しています。さらに二〇一の地番がその一角にいくつもあってわからないのです。

その資料館には日本語がわかる人がいました。地図の見方はわかりましたが、なぜ同じ地番があるのかはわからないとのことでした。

再度、みんなが待つ場所に行き二〇八を特定しました。

しかし、萩野姉の記憶では、白山公園の三角地であるとのことです。そこも二〇一です。二〇一は区画整理がされて公園に吸収されています。二〇八と思っていましたが、後日の資料で二〇一が正しいことがわかりました。

ひとまず、私の誕生の地を確認でき、目的が達成できたことに安堵しました。

九月二十日（第五日目）

翌朝七時にホテルを出て、三十分ほど歩いて長春駅まで行きました。唯一、記憶に残っている駅の面影が残っていました。駅は当時のままです。

朝早いにもかかわらず、車も人もたくさんです。にぎやかなことは想像以上でした。信号が少なく、道路を横断することは中国では至難の技です。ひっきりなしにくる車がこわくて、横断ができずに駅の中まで行くことができませんでした。

駅をバックに写真を撮っていると、横に六歳くらいの女の子が立っています。一緒に写真を撮ってほしいのかと思ったのですが、違いました。お金をせびられました。兄弟と見られる男の子もどこからか出てきて、いつまでもついてきます。とてもやりきれない気持ちになりました。長春は中国のなかでも経済的な力では遅れており、これからの計画をどうするかが問われているように思った出来事でした。

夕方、ハルピンに戻りました。

九月二十一日（第六日目）

起床後、朝市見学と松花江のほとりの散歩を楽しみました。

松花江周辺の公園では朝早くから、夕方まで一日中にぎわっています。歌を歌う人、太極拳をする人、コンクリート道路に、水をつけた長い筆で文字を書いている男性は定年退職後二年間、毎日、練習しているとのことです。地書というそうです。さすが中国、字が上手。市場も人が多く、暖かい豆乳がおいしくて、一杯〇・五元。

朝食後、卓球の上手な李さんの友人の運転で、「細菌兵器」製造を目的に作られ、その効果を確かめるため「生体解剖」などの残虐行為をした、七三一部隊（石井部隊）の惨劇の跡を訪問しました。ハルピンの郊外、平房地区まで一時間ほどです。周辺は商店があり、民家も多数あり、ずいぶんと開けた町でした。

天井が高く、コンクリートの冷たい建物は当時のままであり、日本語通訳もいます。日本でもたくさんの資料や小説があり、読んでいた私は、ここまで人間が残虐になれるものかとあらためて、その恐ろしさに身震いするほどでした。出口の近くには、犠牲になられた方々のお名前があり、顔を知らなくても、「生きたい」と思っただろうにとの思いにおよび、そして理不尽であったことに対して思わず涙がでました。

戦争とは？　をつくづく考えさせられ、どんな苦労があっても平和を守るために、目をそらせることなく、事実をしっかり若い人にも知らせる必要があると思いました。出口には、ＪＲ東海労組の不戦の決意を込めた寄せ書きがあったことに、少し胸をなでおろしました。なんの用意もして来なかったことを悔やみました。

午後は卓球大会を見学。平日でも幅広い年齢層の大会をしています。卓球人口が多いわけです。その後、中国のマッサージを受けました。個室を取り、風呂と食事付きで一人二五〇〇円。リラックスタイムとなりました。

九月二十二日（第七日目）

今日は、ハルピンの新名所見学。

松花江の対岸の新しい街つくりが始まったところ。「太陽島」といい、新市政府庁舎が移転されるそうです。そしてマンションの売り出し。一㎡当たり一〇〇〇元。日本円で約一五〇〇〇円。

新潟市と姉妹都市を結んでいて日本庭園もありました。マイナス三十度の「氷まつり」、砂でつくったアンデルセンの童話の主人公の像。リスが一〇〇〇匹も生息しているゾーンなど、歩いて回れないほど広く、園内を巡る電気自動車が十五元。自動車に乗ると同時に突然のどしゃぶりで、大助かり。

市内には渡し舟で帰りましたが、一人一元。空中にはゴンドラが走っており、その運賃は十元でした。

そして今夜もまた李さんの友人からの歓迎宴会。

九月二十三日（第八日目）

郊外にある小学校訪問の日。約一時間、李さんの友人の運転です。今日の運転は証券会社の社長さん以下部下、総勢十一名。郊外にでるとデコボコ道で、かなり昔の日本のようです。胃袋がひっくり返るようでした。社長さんの別荘で一休み。

訪問した学校は、日本でいえば分校です。

一年生が一人、二年生が五人で生徒は六人。みんな子どもらしくてかわいい。初めて見る日本人、いや外国人にかなり緊張しています。そして記念撮影。　生徒はみなコチコチ。プレゼントは鉛筆。野村さんから一人ひとりに手渡して、残りは先生へ。本校の子どもたちへ渡してもらうことにしました。

生徒の机の上にはノート、教科書、筆箱がありますが、教科書は持っているものがみんな違います。ノートの文字は二年生とは思えないほどきれいでした。

このクラスの子どもたちは、みんな兄弟がいるとのこと。ここでは一人っ子政策はどうなっているのだろうとふと疑問を持ちました。農業の場合、子どもは貴重な労働力なのだろう。

次に農家を訪問しました。野菜を作り、豚を四頭。生まれて一か月という子豚が十一匹います。年に二万元、食べる物は自給自足、およそ七〇〇〇円の生活だそうです。

社長の奥さんたちが料理作りに精を出しています。見学後、共産党の書記、前村長の各氏を交えての歓迎会。ごちそうが食べきれません

帰途、名物の餃子を食べていないことを知った社長さんは、昨夕の仲間も呼んで餃子パーティー。いろいろ具の違う餃子が次から次に出てきます。もう限界、消化が追いついていきません。

九月二十四日（第九日目）

市内でお買い物タイム。大きなお店が並び、スケールが違います。家族連れが多いけれど、大人二人に子どもが一人なので、なんとなく子どもの声が聞こえません。一人っ子政策が健在。着飾った子どももいます。

夕方、李さんのお兄さんの自宅を訪問。大きなマンションです。室内は一五〇㎡ほどあり、ゆったりとしています。たくさんのきれいな、大きな壺が飾り棚に並んでいます。中国の文化を感じます。

そしてハルピン最後の晩餐は、ドイツビールと焼肉。

九月二十五日（第十日目）

李さんの姪の結婚式に出席させていただきました。

九時過ぎ、花嫁宅へ向かいます。マンションの入り口には、親類、友人、ご近所さんがお祝いにきています。バンド演奏がされており、「花嫁さん、早く顔を見せなさい」とはやし立てるのです。

私たちは、親類扱いで、中に入り、タバコ一本、キャンデイを頂きました。ドレスが五枚ほど披露されていました。記念写真を撮ったりして時間がくるまで待ちます。

今回、リムジンはなかったが、車十台を連ねて会場へ向かいます。円卓が中二階まであり、二三〇人の参加があったそうです。

いわゆる人前結婚式で、司会者が式の進行もすべて受け持っています。誓いの言葉やお祝いのあいさつが終わり、乾杯の後、バンド演奏が始まり、いよいよ宴たけなわになると思ったら、三々五々、帰る人がいます。日本のようにダラダラとお酒を飲むということではないようです。飲み過ぎている人は誰もいません。これは、気持ちがいい宴会でした。中締めのような感じで結婚式は終了。

ホテルに帰り、休んでいると、「友人」となった人たちがおみやげを持って来てくれました。友情の情を示して、世帯へのおみやげでなく、一人ひとりにいただきました。これも中国の文化だそうです。

夕方、友人たちの車に分乗して空港へ向かい、空路、大連へ。来る時より荷物が多くて、重量検査が心配。

九月二十六日　(第十一日目)

いよいよ最後の日。五時三十分のモーニングコール。

重い物を手荷物などに移し変えて、荷物の重量問題は解決してあったので、無事チェックポイントを通過。

八時四十分、定刻に離陸。順調に飛行して十二時十分、無事成田に着陸。川口駅で解散となりました。
・註(「山口清　生誕百年を記念して」―共に歩んだ人々―より一部転載)

三都市を駆け足で回って、長春は元気がないなと感じました。中国の人に聞くと、「長春は今後の計画を持ちきれていない。特に産業もなく、観光で経済を活性化するという意見があるが、それでは、また日本人がたくさん来る。それはイヤだ」とのことです。

「中国は今、日本の六〇年代である。経済力をつけることが第一である」と多くの人が言います。経済力をつけることは課題の一つであり、日本が高度経済政策の道を歩んだ教訓を学んでほしいと思いました。

最近の中国の会議で経済成長力を抑えて、教育など国民生活に密接にかかわる問題の解決を重点課題とすることを決めたとのこと。国連では、中国やベトナムなどで、貧困削減と福祉向上を短期間でめざましい成果をあげていることをたたえています。

長春駅頭での体験もあって、十三億人すべての国民の生活をより安定させるのは大変なことと思いつつも、広い中国で、なんとか貧富の格差を縮小して、多くの国民の生活が改善することを願うばかりです。

夜間中学に急展開

「旅」から十一年が経ちました。

前任者から引き継いだ事務局長としての仕事は、私の力不足もあり運動がなかなか進まず、十年以上経っても「設立のメドさえつかないのか」と実感していました。

しかし二〇一五年に入り、全国夜間中学校研究会のみなさんの努力により、六月四日に衆議院第二議員会館多目的会議室で、「六・四今国会での義務教育未修了者のための法成立を期す国会院内の集い」が夜間中学等義務教育拡充議員連盟、全国夜間中学校研究会の共催で開催され、「全国都道府県に最低一校の夜間中学設立を」との議案が確認されました。

これから以降の動きは、設立運動三十年間の活動以上に急展開しました。あれよあれよ、というのが実感でした。

六月九日には「議連」の馳浩会長をはじめ十三人の議員が、川口自主夜間中学を視察し、生徒たちとの懇談で、その声を直接聞いてくれました。この視察を受けて県、さいたま市、川口市の各教育委員会と「夜間中学各県最低一校の実現近し」と懇談して、設立に向け対応、準備を要請しました。

二〇一五年は「埼玉に夜間中学を作る会」「川口自主夜間中学」の設立三十年の節目の年でもあり、なんとしても今年こそ設立にメドをつけよう、との固い決意で取り組んでいました。

三十周年集会は十月十七日、さいたま共済会館での開催を決めていました。当日の講演を馳会長にお願いしようと交渉していましたが、なかなか決まりません。すると突然の内閣改造で馳会長が文部科学大臣に就任しました。「ああこれで講演は絶望的」との思いでした。しかし三十周年集会の三日前に、馳大臣が講演に来て下さると、秘書の方から連絡が入りました。それからは集会開催の当日までの対応が目まぐるしく過ぎていきました。事故がないように、手落ちがないようにと、心配は尽きませんでした。

一番の問題は大臣の警護がありました。県警、さいたま市警の担当警察官と警護についての打ち合わせなどがあり、出席の連絡から大臣が帰られるまでの三日間は緊張が続きました。

様々な苦労もありましたが、三十周年集会は一三〇人以上もの参加があり、盛大に、成功裡に終わることができました。県、各市の教育委員会の担当者の方や各市議会の議員、各団体や市民のみなさんのご参加がありました。

この三十周年の集会以降、さいたま市議会は全会派一致で「夜間中学設立にむけての意見書」が採択されました。川口市議会でも「意見書」採択への動きがあります。

地元の各議会、地元議員の「夜間中学を支援する会（仮称）」が結成されることが望ましいとの馳大臣の示唆を、これからの運動の大事な柱の一つとして積極的に進めていきます。

夜間中学は人間として尊重し合い、学び合う場としてその歴史を作ってきました。二〇一六年の早い時期に、夜間中学設立の立法化を実現するためにがんばります。

これからも、教育を受ける権利を拡大するために、一緒に運動を進めていきましょう。

「夜間中学」があって息子は救われた

小松 愛子

高校を卒業して以来、ずっと働いてきた私は、定年を迎えた後をどう過ごすかを考えた時、その一つに「埼玉に夜間中学を作る会」に参加して、少しでも役に立ちたいと考えました。そして月一回の駅頭署名での署名活動と行政との交渉などに参加しています。

しかし、県と市の姿勢は「夜間中学の歴史的役割は終わった」と壁は厚く、冷たい態度が続いています。現在、全国には三十一校の夜間中学があり、各地で夜間中学を求めての運動が起きています。埼玉には一校もなく、東京の夜間中学に三十年以上も通っているのが現状です。（最も多い年で七十名近く）

そういう我が家の息子は、およそ三十年前に東京の夜間中学に、自転車で片道およそ一時間かけて二年半通学し、その後は高校、大学へと進み、今は社会人となっています。彼の人生を振り返ってみると、夜間中学があったことによって、人生を切り拓くことができたと思っています。

ひと息ついている時、地方都市に住む四十代の母親が新聞に投稿した記事を目にしました。それは次のような内容でした。

『マスコミでは、不登校の生徒は減少傾向にあると報道しているが、自立学級や適応指導教室に通う生徒を数に入れれば、減っていないと思われる。現在、娘は不登校となっているが、どうしても全日制の高校進学の意欲がわかず、定時制高校も統合がすすみ、学校へ行けない子どもの居場所が失われていく。私は、今、学校そのものに絶望している』

切々と気持ちを訴えているこの記事を見て、自分の当時の苦しい日々を思い出し、いまだに教育界は変わっておらず、むしろ後退していると思われ、どうしても励ましの手紙を書かなければと思い立ちました。

〇〇様

新聞の投稿記事を見ました。突然のお手紙をお許し下さい。

我が家の長男が、学校に行けず、その時経験した気持ちが投稿記事と同じでした。社会人となった息子をみて、「決してあきらめてはいけない。子どもなりに、将来を考える時がきて、自ら歩き出すときが来ること」をお知らせしたくお手紙を書く気持ちになりました。

私の経験では、まず、親が「待つ」ことができること。そして自分の子どもを信ずることができることが大切であると思います。

我が家の状況です。働きながら三人の息子の子育てをしていました。一九八一年、長男が小学校五年生の五月から学校へ行けなくなりました。当時は登校拒否と言っていました。私自身も「子どもが学校に行かない」ことが理解できない、そんなことがあるということが認識できない状況でした。まだ、社会的には大きな問題となっておらず、「わがまま」だとか、「親のしつけが悪い」「母親が働いているからだ」などで片付けられていました。

校長先生はじめ先生方の対応は、「とにかく引っ張ってでも学校に連れてきなさい」というものでした。それを実行しましたが、散々な結果でした。はじめの頃、先生が迎えに来て下さっていました。しばらくすると、長男の存在など忘れられたようでした。運動会を見に行っても、先生は長男のことなど思いやる余裕もなく、学校からの通信にしても、弟たちに渡されず、何の学校からの情報も得られない時もありました。

これは、長男が登校していないこと、登校拒否の子どもがいることが職員室で話題にもなっていないのだ、と思いました。

今となってはグチですが、当時は親の気持ちは「萎縮」しておりました。親なりに心を痛めていても、みんな余裕がないし、経験のないことで、孤立した状況でした。なぜ、学校に行けないのか、理由がわかりません。教育相談所や精神科で「相談」をしても何の解決策もありませんでした。どうしたら「解決」するのかわからない。親としても、誰にも発信できる状況ではありませんでした。

そのようななか、職場の同僚から「学校に行けない子どもを持つ親の会」を紹介されました。相談に乗っている先生は「この現象は、高度経済活動の弊害である。親がゆっくり進むことを考えなくてはいけないのではないか」との問題意識を示されました。

その時のお話が、私の胸にストンと落ちました。子どもたちにいつも「早く早くと言っていたな」、仕事も忙しく、転居したばかりで、通勤時間もかかり「子どもが見えていないな」と感じていた時でした。そして、自ら動き出す時を「待つ」しかないと決めました。同時に、一人ひとり違った歩みでよいのだ。同じ物差しで子どもを計るのをやめよう。必ず自分の足で歩き始める時が来ることを信じようと固く心に決めました。

一年が経過した頃から、辞書を片手に新聞や本を読み、NHKのラジオ講座を聴いて、一人で勉強するようになりました。

そして、十五才の秋（通常で高校一年生）に郵便局で二月間、アルバイトをした時、履歴書に学歴が書けず、彼なりに考えたようです。今の日本では、中学を卒業しないと何もできないことを――。

小学校はなんとか卒業証書をうけとりましたが、中学は除籍となっていました。

松崎運之助さんが書かれた「夜間中学―その歴史と現在」を読んで、夜間中学の存在を知っていましたので、まず、中学からと東京の夜間中学に自ら決め通学を始めました。私は「どこの学校で勉強したのかでなく、そこで何を学んだかが大切」とメッセージを送りました。

同年代の同様な経験をした友人がおり、熱心な教師の働きかけによって夜間中学に、うまく溶け込めたようでした。

「水を得た魚」のように、勉強にスポーツに、自治会活動にと一生懸命でした。毎晩遅くの帰宅でしたが、皆勤することができました。卒業の時には「本当に充実した」生活に自ら満足していました。そして、苦労もありましたが、本人の努力や周りの方々の支えもあって、医療の道をめざし、自分の手で実現させることができました。

お書きになっている通り、子どもたちの居場所がだんだんなくなっています。また、勉強しようと思った時に、行ける学校がなくなっている現実があります。

行政の役割の一つに教育があり、教育によって、国家百年の計が決まります。また、福祉国家の機能の一つに教育があり、義務教育は公費で賄うとされています。

今、話題の「格差社会」についても、教育をきちんと受けていれば、解決できることもあると思います。大切なことは、子どもが自ら立ち上がる時に、また、学校に行く意欲が湧いたときに、一番良い方法を選択できることではないでしょうか。決して、遅くはありません。いろいろ切り拓いていく道はあります。

いま、学校に絶望しておられますが、学校だけが、子どもの成長する場でもありません。しかし、いつか、必ず勉強したくなる時がきます。これからもお子様に寄り添っていってください。少しでも、気持ちが軽くなっていただけたらと思いました。取りとめもないことを書きまして申し訳ございませんでした。


このような手紙を送りましたが、その後「気持ちをわかってくれてありがとう。娘の進路については、親と先生だけで決めず、本人の意志を大切にします」との礼状をいただきました。

今、教育に対して行政は責任を放棄しています。大阪府の元知事は、財政再建案を示したが、夜間中学の「就学援助制度」を廃止しました。義務教育未修了者の就学保障の継続を市町村任せにして、府は一方的に離脱する考えです。

埼玉県では、定時制高校の統廃合が進み、勉強の「場」がどんどん少なくなっています。また義務教育で出席日数が不足していても、卒業証書を出しています。

やはり、人が生きていくうえで必要な学力を身につけることが大切だと思います。そのために夜間中学が必要とする人もいることでしょう。勉強ができる選択肢を増やすことは大切です。そして行政が教育を放棄しようとする流れをなんとか変えていくために、誰かが声をあげねばならないと痛切に考えます。

私は今後も、埼玉に「夜間中学の設置」の実現を目指した取り組みに参加していきます。

開設の頃の十年の足どり

野川 義秋

自主夜間中学の開設

埼玉に公立夜間中学を作る運動が始まったのは、一九八五年の九月十六日でした。『埼玉に夜間中学を作る会』発足のことがテレビや新聞などのマスコミで報道されると、「私も夜間中学で勉強したい」という生徒の希望者や、「もしできることがあったら、ぜひ手伝いたい」といった講師とかスタッフ希望の声が寄せられるようになりました。

それまでの夜間中学設立運動のなかでは、奈良県の奈良市や神奈川県川崎市で、自主夜間中学を運営しながら運動を続けて公立化を実現したところもありました。またその頃は東京都の江東区や千葉県の松戸市では、自主夜間中学を開きながら設立運動を行っていましたから、当然その人たちの取り組みを意識しました。

しかし、埼玉の運動にかかわるメンバーは、ほとんどが夜間中学のことを知らなかった人たちの集まりでしたから、教え方とか教材などの準備をしてからスタートした方がいいのでは、との慎重論もありました。結局、開設を踏みきらせてくれたのは、江東とか松戸などの先輩たちの「ああだこうだと頭で考えるよりも、まず始めることだよ」でした。

開設場所を川口市に決めたのは、都内の公立夜間中学に通う生徒が一番多いことや、県内でも、在日韓国・朝鮮人をはじめたくさんの外国人が住んでいることなどでした。とくに、在日韓国・朝鮮人の場合は、県内に在住する一万人の約二割もの人が川口に集中していることでした。そしてこの人たちは、日本によって強制連行された歴史を背負い、日本で生きらざるを得ない状態を強いられているにもかかわらず、学ぶ機会は奪われたままになっているのでした。私たちが、日本語学級を併設した公立夜間中学の設立をかかげたのは、この人たちの存在があったからです。

私たちは、当時三十四校あった公立夜間中学と同じように、年齢や国籍・性別といったあらゆるものを越えて、誰でも安心して学べる場としての自主夜間中学を、開設したいと願ってスタートしました。そして、勉強したいと訪れた人は中学を終えている、いないは関係なく、「来るもの拒まず、去るもの、追わず」の心がまえで望むことを確認し合いました。

場所は、JR川口駅から歩いて六分のところにある市立栄町公民館、火曜日と金曜日の週二回、勉強の方法はマンツーマン方式をとりました。講師は、現役の教師や会社員、主婦、アルバイター、そして学生など様々な人たちでした。学ぶ人と講師は特定せずに、その日その日によって変わる形です。ランチタイムの日替わりメニューと同じです。本当は決まっていた方がお互いにとっても勉強しやすいのですが、生徒も講師も通ってくる時間がまちまちですから、決まった人同士がそろうのを待っているのは、時間がもったいないのでこの方式にしました。

そして、講師が変わることによってテキストが違ったり、進む箇所が後先になったり飛んだりしないように、「申し送りノート」を用意するようにしました。「何月何日は、どの先生とどんな勉強をしたか、テキストはどこまで進んだか。おさらいの必要があるのか、先に進んでいいのか」といったメモを記入して、次の講師に見てもらうようにしたのでした。

「こんばんは」の声が教室に

「作る会」発足から三か月後の十二月、川口自主夜間中学は不登校の子どもが四人、中学は卒業しているが戦中戦後の大変な時期にほとんど通えなかったという年配の女性、就学を免除された車椅子の女性の六人からスタートしました。ところが、その数は月を追うごとに増えていきました。

自主夜間中学には、昼間の義務教育現場を反映して不登校の子どもたちも増え始めました。マスコミの力もありましたが、人が人を呼ぶところも大きかったと思います。学齢児だけでなく、岩手県出身で草加市に住んでいる義務教育未修了の主婦も「入学」を希望して、よちよち歩きの男の子を連れて勉強に来るようになりました。何となくぎこちない運営ながらも、やっぱり始めてよかったんだと思えるような雰囲気でした。

講師の職業は様々で、比率的には現役の教師が多かったと思います。見学に来て、昼間の中学校を連想して戸惑う人がいたり、講師会議を開くと、「出席をつけるべきだ」とか「名札をつけないと名前が覚えられない」「どうして校務委員会がないのか」といったことで、長時間の議論を繰り返したこともありました。

いろいろな国の人たちが学ぶ「場」を求めて

教室の中がにわかに国際色豊かになってきたのは翌年の春頃からで、川口や近隣の市町村に住む外国人たちが、勉強したいと訪ねて来るようになりました。ベトナム難民の少年、国際結婚で日本へやって来たフィリピンの女性、二人のオモニ（朝鮮語でお母さんの意味）、中国からの引揚者やカンボジアの青年といった人です。しかし、こうしてやって来て勉強し始めた人たちも、毎週毎週顔が見えるようにはなりませんでした。これは日本人生徒にも言えることでした。

教室の中は、にぎやか過ぎるようになりました。静かに勉強したいと思って来る人、まだ日本語に読み書きもままならなくて、日本での暮らしに不自由している外国人、誰かとおしゃべりしたくて来る学齢児の子どもたちなどです。様々な思いを持って通っている生徒たちが、けっして広いとはいえない一つの教室を一緒に使わなくてはならないわけですから、雰囲気づくりには苦労しました。おまけに適切な教材や講師の人数は、いずれも無い無いづくし状態を克服していませんでした。バッタリ顔が見えなくなったりすると、「何か対応の仕方が悪かったのかな。それとも、ここの教室の雰囲気が合わなかったのかもしれないな」などと、スタッフ同士で思案することが何度もありました。

自主夜間中学を開設した翌年の春頃が、外国人生徒が多かった第一期だとするならば、第二期は五年がたった一九九〇年ではなかったかと思います。その頃は、在日韓国人青年、韓国と台湾からそれぞれ結婚のために日本へやって来た女性、ベトナム難民の青年とその知り合いのフィリピン人、中国引き揚げ者とその息子さん、それにラオスの青年といった人たちが勉強するようになりました。自主夜間中学に関わるスタッフが、特別に何か努力したわけでもないのにです。このことは別な見方をすれば、それほどに彼ら彼女らが日本で生活していくうえでの日本語の読み書きを学ぶ「場」が、いかに限られているかということを裏打ちしていました。

取材に来た新聞記者や見学に来た人などに、「ここの自主夜間中学は、まるで日本語学校みたいですね」と言われるのが、何となく慣れっこになっていましたが、一九九四年を外国人生徒が多い第三期の始まりとしてもよいのではないかと思います。

日系人たちとの出会い

そのきっかけとなったのは、スタッフの青年二人が中心になって、川口駅西口にある公園で行った「第一回・川口国際音楽祭」でした。彼らが思いついたきっかけは「我々の周りにはたくさんのいろいろな国から来た外国人が住んでいる。この人たちと音楽を通して触れ合うことはできないものか」でした。ＮＨＫの浦和支局も取材に来たこの催し会場の公園に、ボリビア人の若い日系人たちが遊びに来ていて、仲間に誘って一緒に歌ったりしたのが、そもそもの始まりでした。この出会いで大きな役割を果たしてくれたのが、アルゼンチン生まれで日系人二世のＮさんでした。彼女は自主夜間中学に勉強に来ていたベトナム人のＲさんと、たまたま職場が一緒だったこともあって通って来るようになっていました。Ｎさんはスペイン語が話せましたので、ボリビア人たちとの通訳の役目をしてくれたのです。

このことがあってから、ブラジル、ペルーなどの国の日系人たちも勉強に来るようになりました。ベトナムやパキスタン、イランなどアジアの人たちも来てはいますが、多いのは南アメリカの日系人です。こういった外国人たちに混じって、都内の夜間中学の卒業生で、定時制高校を目指している年配の女性とか、二十歳前後の青年や女性たちが学んでいるというのが、教室の風景です。

「共生」ということ

自主夜間中学の教室は、時には教える側と教えられる側が逆転する場合があります。月に一度は実行しようという努力目標のもとに企画している一斉授業を、外国人の生徒さんに講師の役目をお願いする時がそうです。外国から来た人たちは、今は自主夜間中学で日本語の読み書きを勉強していますが、実は自分の母国語を持ち、生まれ育った国で身につけた文化を持っています。そこでこの人たちに、生まれ育った国の自然や家族、小さい時のこと、遊び、人々の暮らしの様子を語ってもらい、みんなで一緒に過ごす時間です。これまで担当してくれたのは、アルゼンチンのNさん、ベトナムのRさん、イランのH君、ブラジルの日系人M君といった人たちです。時にはベトナム料理の教室を開いてもらったこともあります。このようにして、自主夜間中学で出会ったことを通して、私たちの知らない国の習慣や生活、ことば、食べ物などの文化に触れることができるのも、自主夜間中学に関わる者の喜びの一つです。

このほか、社会科見学、関東の自主夜間中学との交流、観劇、キャンプなども不定期ではありますが取り組んでいます。そしてスタッフの中には、個人的な付き合いの輪を広げている人もいます。私がこの関わりを通して思うことは、日本で生きている外国人たちは、私たちに特別なことを望んでいるのではないということです。「こんにちは」「こんばんは」「さようなら」とか、「久しぶりでしたね。元気でしたか?」「今働いている現場は、どこ? どんな仕事なの」といった挨拶や日常会話を、ごく自然に交し合う関係を望んでいるということです。

私は中学校夜間学級の設立に「日本語学級の併設」を掲げたのは、在日韓国・朝鮮人の存在を意識したことに触れました。国際化が声高く叫ばれ、日々の生活の中で、外国人の姿を見ない日はないくらいの今でもなお、この人たちと向き合うことを戸惑い続け、隣人として向き合えていないのが日本社会の現実だと言ってもいい過ぎではありません。それは、在日韓国・朝鮮人と今まできちんと向きあってこなかった、その「ツケ」が回ってきたのだと思います。

自主夜間中学の『場』に身を置いていて、私はそのことをひしひしと自分自身の中にも感じながら関わり続けています。

一斉授業のこと

自主夜間中学を始めて間もない講師会議の席で、月に一回くらいは一斉授業をやってみようとの意見が出されました。マンツーマンの勉強もいいがせっかく同じ教室で勉強しているのだから、お互いを知り合う意味もこめて、たまには一緒に勉強する時間があってもいいのではないかということからでした。

この授業は、数学や国語・英語・社会・理科といった教科だけでなくて、音楽や教室でできる手軽な体操など何でもかまいません。講師と生徒の関係なしに、特技や趣味を含めてやってみようと思う人に名乗り出てもらったり、あるいは「この人にこんなことをやっていただこう」とお願いすることもあります。最初の頃の常連は大学の先生である利根川さんでした。利根川さんは、『星座の話』などの理科の授業をよくやってくれました。定時制の先生をしている細田さんは地学が専門ですが、趣味や活動領域も多彩で、夏休みなどは中国や東南アジアへ出かけて登山をしています。そこで見聞きしたことをテーマにして何度も行ってくれました。そして阪神・淡路大地震の現地を調査して、スライドなどを使って授業をしました。

このほかにも、東京にある公立夜間中学まで北本市内から通った桜井さんのお話や、中学校教師の村上さんによる「牛の目玉の解剖」などが印象に残っています。私が忘れている授業や、あの授業の方がおもしろかったというようなのが、もっともっとあるかもしれません。

こうして十年間続いてきた「川口自主夜間中学」に訪れた生徒たちは、学籍簿があるわけではありませんが、三百五十人を上回る数になるはずです。また、荒川区立第九中学校をはじめ都内の公立夜間中学へ『転校』した生徒は十四人にのぼり、定時制高校や専門学校へ進んだ人も五十人近い数字になります。

私は、最初の六年間は「栄町公民館」に開設している金曜日を担当し、その後火曜日の「本町青少年センター」に移りました。この十年間、毎日毎日を「これでよし」と思えたことはほとんどありませんでした。外国人であれ、日本人であれ、通ってくる人の学力の到達度や進度は一人ひとり違います。それぞれの生徒に合った適切なテキストが、なかなか見つからないことも多かったと思います。そして、生徒は早くから来ているのに講師が遅かったり、またその逆があったり、生徒と講師のバランスがうまくいかなかったり、極端に両方とも人数が少なくなったり、そんなことの繰り返しでした。そんな危うさにありながらも、こうして今でも続けることができるのは、こんな頼りない「自主夜間中学」であるにもかかわらず、それでも学びたい、あるいは講師として一緒に関わりたいと通ってくる人たちが存在するからであり、その人たちとこの教室＝「場」を共有することを、私の心が望んでいるからにほかなりません。このことは、ことばでは上手に説明できないような気がします。

また、障がいを持った人たちが何人も学びに来るようになっています。ダウン症の人、養護学校を卒業して作業所で働いている人、交通事故にあって視覚や記憶そして身体に障がいを持つ人、養護学校を卒業したけれども、勉強を続けたいと通っている人たちです。

年配の人や不登校だった二十歳前後の人たち、外国人を含めて、自主夜間中学はさらに多様な人たちの学びの「場」になっています。川口市内に住む八十歳になられる義務教育未修了の男性の方も、勉強に来るようになりました。私たちが毎年参加している川口市主催の「たたら祭り」で出会った方ですが、県内に公立夜間中学設立の運動を行っている私たちにとっては、まさしく「生き証人」とも言える人です。

十年という節目とは言え、自主夜間中学を運営しながらの公立夜間中学設立運動はこれからもさらに続きます。義務教育未修了で、浦和市内から通って勉強された、今は亡きWさんのご霊前に、公立夜間中学ができたことを報告する日を、一日も早く実現したいと思い続けてきました。「公立」であれ「自主」であれ、学びたいと願う人たちの思いを大事にしていくことを忘れないようにしながら、これからも歩んで行ければと思っています。

註（埼玉夜間中学を作る会・川口自主夜間中学文集『胎動』十周年特別号―一九九五年十月―より一部転載）

第3章 学舎の窓に映る人生模様

文集『胎動』より

私のおいたち

白根 幸江

私は生まれた時はとても元気な子で十カ月で歩いたといわれました。

しかし一歳半の時にとつぜん高熱が続き中々下らず医師にも原因が分らず熱が引いた時には足が動かなくなっていました。

あとで分かったのですが小児マヒでした。

それからは毎日病院に通院し県内はもちろん東京や横の方まで行きましたが、もう手おくれでどれもむだでした。

そのうち六歳になり小学校に入学しました。

母に背負われて毎日通学しました。

私が入学した年は昭和十九年で戦争がはげしくなっていて、一年の三学期頃には毎日のように空襲警報があり、そのたび母がむかえに来ましたが一日に二度もあることがありました。

そのたび学校から家へ行ったり来たりしました。

そして二年生の夏休の八月十四日晩熊谷に大空襲があり商店街のほとんどが焼け、学校も焼けてしまいました。

その翌日十五日に戦争が終りました。

九月になり二学期が始まりましたが学がなく焼けのこったよその学校に行くことになりました。

二部授業三部授業となり午後三時頃に授業が始まることもあり学校も遅くなり行くことが出来なくなりました。

それからは学校に行っていません。

家にいても学力が皆よりおくれているという気持が心の中にありいつかは学校に行きたいと思い続けていました。

（一九八六年七月創刊号より）

夢の夜間中学に入学できて

原田　里美

私は、一月下旬、夕方のニュース番組で、荒川九中の映像を見て感動しました。それに、若い人達もいて…。それ迄、夜間中学は、戦時中の混乱等で義務教育が受けられなかった人達しか行けない者と学校ガイドのようなもので見ていました。私も、勉強したいなあと思いました。じつは、私は、学生時代は、落ちこぼれでした。とくに中三の二、三学期など、ほとんど登校しない状態でした。卒業はできました。その後、就職しました。そんな時、勉強したい。でも、高校では、授業について行けなくてすぐ退学してしまう。通信制高校はどうかと思い、資料等を取り寄せたりしました。でも、やはり無理のようで、あきらめました。そんな感じで、私も夜間中学に行きたいと思ったのです。しかし、荒川迄通う自信はありません。そこで、埼玉にはないか問い合わせてみました。そうした所、川口の方に自主夜間中学があるとおしえていただき、さっそく数日後、見学という形で訪問しました。その日、勉強も教えていただきました。以上のような事で、長年の夢だったので、夜間中学に通えてうれしく思います。私は、現在、朝八時三十分~夕方五時迄、働いています。はっきり言って、金曜日や天候が悪い時はつらいです。でも、ぜいたくは言えません。とは言うものの、たまにお休みします。これから先、なるべくお休みしないで行く様努力したいと思います。その反面、週二回では物足りない気がします。一日も早く、公立化して、毎日授業があればと思います。これから先がんばってできれば、高校にも行けたらと、また一つ夢がふくらんでいる今日この頃です。最後になりましたが、これから先も、先生方、生徒の皆さんよろしくお願いします。

（一九八六年七月創刊号より）

無題

広山 貞子

私の名まえは、鄭貞男です。私は韓國のいなかで、生まれでなにもしらない私ですけれと、小（さい）ときからお金はたぶんためました。お金がなぜそんなにたまりましたかとゆうと私の古さとは、後は高い山がありまして、前はひろい海があるからです。その海はなんてもあります。（縁談が）すすんで結婚がきまりました。昭和十八年十二月十二日でした。私の、姉さんが子どもをうめないので。その先生のおかあさんが、はんたいしてやめました。人生はひにっく（皮肉）でした。その先生が、子ともがいないそうです。家の人とが日本から、さと帰えりにきまして昭和十九年結婚しましで五日めに日本に帰えりました。あんまり帰えってこないので。私が二十六年に、日本にきました。なんにも、ないとからみも思も（身も心も）ぼろぼろ（の）せいがす（生活）がはじまりました。私の長男な生ましたが。おとうさんは大いしりすしで（大きな手術をして）、にういんしでいるし、子ともは、はしかがでましで、顔がまっかに、はれたのに、おや子二たりおいで、日本がらすがいしゃあ（日本ガラス会社）に、しこと、いきました。そうしで、おひるときにあんまりおぱい（おっぱい）がはって、いたくでしぼって、すてながら、ないでいました。

なみたをおさいきりないでした。そときにあるおばあさんが、子ともがしんたのか、いいました。これが私の人生のある一ぶです。これぐらい書（書ける）のも、夜間中学校のおかげさまです。先生のみなさまありがとうございます。私はこれから、いしょうげんめい、ならいましで、女のいしょう（一生を）書（きたい）と思います。先生いみなさんよろしくおねがいします。

（一九八七年九月第二号より）

念願

渡辺 ます子

こちらにお世話になるまでは、なんとなく人の目を気にする私でした。義務教育を受けなかった事が、四六時中頭の中からはなれなかったのです。子供達には私のような思いをさせたくないと、希望する学校に行かせました。又それぞれ自分の好きな仕事に付いて満足しているようです。長女は小さい時から本が好きで小説家になりたがっていたので、いつもすらすら何かを書いている子でした。今は念願叶って書店に務めています。次女の方は幼児教育短大を出て念願だった幼稚園の先生になる事が出来ました。こうして子供達が好きな道に進んでくれて親として本当にうれしい事です。又私自身も、もう子育ても終ったので何かしてみたいと思っていました。主人が朝早くからテレビニュースをガンガンつけて見ているのですが、私はお弁当作りが忙しくてニュースなど耳に入らないのです。

所が夜間中学と云う言葉が突然耳に響いてきました。あっこれだ、私の一番したいのはこれなんだと何どもつぶやきました。しかし私のように年とった者に教えて頂けるものか心配でしたが思いきって伺いました。皆様にとてもあたたかく迎えて頂いて本当にうれしく思いました。毎週毎週学校に行くのが楽しくてたまりません。それに身近に学友が出来ました。とても楽しくて便りになる隣の奥さんで岡田さんです。二人で行きましょうって声をかけ合い、かばんをさげて通学していると云う事だけで生がいを感じます。勉強の方はまだまだ覚えられなくて、先生方には御苦労おかけ致します。本当にありがとうございます。長い間の夢が叶えられたのです一生懸命頑張りますのでこれからもどうぞ宜しくお願い申し上げます。

（一九八七年九月第二号より）

私の再出発

林崎　久美子

私は小学生の時、「将来、漫画家になるんだ」と、ずっと考えていました。だからその当時は、紙と鉛筆があれば、いつも絵を描いていました。

授業中はノートの片すみに、そして休み時間になると、クラスのみんなが校庭へ遊びに行く中、私一人が教室に残って、白無地のノートに絵を描いている、そんな毎日でした。「中学生になったら、漫画雑誌の出版社に、漫画原稿の投稿や持ち込みをするんだ」と、心に決めて進学しました。が、現実には、描きたくても描けない状況から、これは実現できませんでした。

中学一年生の二学期くらいまでは、何事もなく登校していましたが、三学期に入ると、登校したり、しなかったりするようになりました。部活動での先輩、後輩の関係や、ある教科の先生、そしてクラスのみんなとの仲がうまくいかなかったために、学校に行きたくても行けなくなってしまったのです。

二年生になって、クラスがえがあり、部活動もやめたことによって、再び普通に登校するようになりましたが、長続きしませんでした。秋に風邪をこじらせた体んだ日が、私の長期欠席の第一日目となったのです。

風邪が治っても、学校に行けなかった原因は何だったのでしょう。

あまり思い出したくないのですが、この頃の私は引っ込み思案な、いわゆる優等生で、人によっては、生意気な奴だ、と思われていたようです。私は、人が嫌がることを、無理矢理押しつけられても断わり切れず、仕方なく、言いなりになっていました。

私は泣きながら、両親にこう言いました。

「私、もう学校に行かない。先生も生徒も、みんな信じられない。こんな目にあうのだったら、勉強なんかできなくてもいい」両親は、私のわがままを黙って聞いてくれました。

休み始めの頃は、よく担任の先生が家に来てくれましたが、私は会いたくなくて、ずっと自分の部屋にこもっていました。が、二、三週間もすると、もう相手にできない、と思うようになったのか、全然来なくなってしまいました。

それから半年間は、何もする気がなく、誰とも会いたくなく、一日中家にいて、ずっと考えごとをしていました。「まさか私が、登校拒否児になるとはなあ」「漫画も描かず、人とも会わず、私は本当に生きているのだろうか」と。しかし、こうやって考えいるばかりでは、答えがでないものなのだ、と気付いたのです。

三月の下旬に学校から、「三年生に進級できる」との連絡を受けましたが、依然として登校する気にはなれませんでした。けれどもその頃の私は、ある新聞で川口自主夜間中学の存在を知り、学校に内緒で四月からそこへ通うことを決めていたのです。なぜならば、「ここには、私の考えに対する答えがあるかもしれない」と思ったからです。

川口自主夜中に集まる生徒の多くは、私と同じように学校へ行けない中学生や、日本語を学ぶことを目的とする在日外国人でした。そして、誰が生徒で、誰が講師なのか、通い始めの頃はさっぱり分かりませんでした。でも、そうした雰囲気に慣れてくると、みんなに会うのが楽しくなり、授業のある日が待ちきれない、と感じるようになりました。

楽しいときの時間の流れは、なぜ早く感じるのでしょう。

学校に行かなくなって一年、自主夜中に行くようになって半年が、あっという間に過ぎ、私はここで、進路という壁にぶつかりました。

私には、このまま中学校を卒業して、定時制高校へ進学するか、自主夜中に通って、知った公立夜間中学で勉強しなおすか、という二つの選択がありました。

私は迷いました。しかし、一人で悩んでいても仕方のな

いことと思い、いろいろな人に相談しました。ほとんどの人の答えは、「高校の方が良いと思う」でした。生徒が下校した後の学校へ行き、担任の先生や、校長先生にも相談しました。ここで私は、自主夜中に通っていることを打ち明け、今、進路のことで悩んでいる、といったことを話しました。先生方は、自主夜中については、目立った反応をしませんでした。進路については「高校にしなさい」ということだけしか、答えてくれませんでした。

しかし、私が考えたことは、みんながみんな、高校進学をすすめるけれど、本当にこれで良いのだろうか。三年間、頑張って通学した人たちと、その半分も通学していない私が、同じ卒業証書をもらうだなんて、私の中では絶対許されないことだ。それにもし、高校へ進んだとしても、あらゆる面でまわりのみんなの足手まといになるのではないだろうか、ということでした。

そして冬、私は自分の意思で、荒川九中二部へ通うことを決めたのです。これが私の再出発でした。昨年春、私は荒川九中二部の二年生として入学しました。

ここでも私は、誰が生徒で、誰が先生なのかしら、という第一印象を受けました。そして、誰もがある目標をもって勉強していること、目標をもっている人は、とても生き生きしていることなどを知りました。

この学校で私は、自分自身の性格がすっかり変わったように思います。自分の気持ちをうまく表現できるようになり、人間不信も直り今では三年前の風邪をひいた日の言葉が、本当に私の発言だったのか、と疑ってしまう程です。

私は九中二部の個性豊かな人々と、その個性がぶつかって生み出す、大きな団結の力が大好きです。

この素晴らしい学校へ通って、私は新しい目標と、新しい将来の夢をみつけることができました。それは17歳で全日制高校を受験すること。漫画家ではないけれど、絵を描くことを必要とする職業につくことです。

もしもあの時、高校へ進んでいたら、目標も何もない、死んだような人間になっていたことでしょう。

二つの夜間中学は、私を生きかえらせてくれました。

これからは、この五年間の中学校生活で学んだことを心に刻み、目標と将来の夢に向かって頑張りたいと思います。

（一九九〇年八月第四号より）

日本での生活

西大條　久美子

私は、アルゼンチン生まれの西大條久美子です。

五月末で、日本での生活は、早三年になりました。一、二年で国に帰る予定でしたが、今は、大分環境にもなれてきました。

両親から、日本の話をたくさん聞いていたつもりでしたが、両親が日本にいた時からは、三十三年経っています。現在の日本は大部変っています。

よく人に言われるのは、両親が昔の日本の考え、文化、習慣などをそのままアルゼンチンで子供達に教育したため、私達の考えは昔の人に似ていると言うことです。

子供の頃から両親は、家庭では日本語で話をするように厳しく言っていました。私は、アルゼンチンに住んでいるのに、どうして日本語で話をしないといけないか、いつも不思議でした。でも二世でありながら、日本語が話せないのは、少し淋しいことがわかったのは、日本に来てからです。

初めの頃は、自分の気持が日本語で、どうしてもうまく相手に伝えられなくて、スペイン語で考え訳しました。相手への返事に時間がかかり、めんどうでした。

自分の知っているかぎりの言葉（日本語）では、不十分である事が分かりました。

日本に来てアルゼンチが恋しくなり、少しでも生れ育った国に生活が似ているアメリカ映画を姉とよく見に行きました。日本語の字幕がありましたが、満足に読めなくて映画の内容が分からないまま帰る事が多く、言葉を知らない事が、とても悔しかったです。

林小玲さんとは、今年の初めまで職場が一緒でした。彼女に夜間中学を紹介していただき、一月末から希望がかない、通い始めました。

まだ、わずかな期間しか通っていませんが、私の人生は明るくなり、少しずつ変わっているように思います。

沢山の人々と接したり、幅広く話を聞くことができます。夜間中学では、日本語の勉強が目的でしたが、勉強だけでなくいろんな行事に参加できて、学ぶ事も多く日本の文化、マナーなどが少しずつ身に付き、とてもうれしく思っています。

皆さんがスペイン語にきょうみがあり、一所懸命覚えたいと言う気持ちが、私には、とてもうれしい事です。

また忘れていた言葉を使うきかいができたので、一緒にがんばります。そしてこれからも、沢山の人とスペイン語で会話ができるようになる事を、楽しみに教え続けて行きたいです。

夜間中学のおかげで、今の私があります。

（一九九一年一月第五号より）

はじめまして

森 達夫

はじめまして　わたしは　森　達夫です。　わたしは　35さいです。　ブラジルから　きました。わたしは　ブラジル人　じゃない。　日本人です。　わたしは　日本で　うまれました。　おとうさんと　おかあさんと　わたしの３人で　おとうさんの　しごとの　ために　あかちゃんのときブラジルに　いきました。

きょねん　いちど　日本に　あそびと　みるために　２か月　きました。　そして　もう１どことしの　２月10日に　わたしの　しごとの　ために　日本に　きました。

日本に　きて　とても　とても　こまったことが　あります。　しごとばで日本人の　いっしょに　はたらいている　人たちに　日本語で　はなしかけられても　日本語が　わかりません。　だから　どんな　しごとを　していいのか　わかりません。　やすみのひ　ラーメンや　チャーハンが　たべたくても　かんばんが　よめないので　どの　みせに　はいって　いいのか　わかりません。　スーパーにかいものに　いっても　日本語が　よめないので　ほしい　ものが　わかりません。　でんしゃで　どこかに　でかけるとき　えきに　かいてある　えきのなまえが　よめないので　いま　わたしが　どこに　いるのかが　わかりません。　そして　アナウンスで　えきのなまえ　きこえてきても　おおきすぎて　きたない　おとなので　わかりません。このように　日本語が　よめない　かけない　はなせない　ために　とても　こまりました。

だから　日本語の　べんきょう　したいと　おもいました。　でも　日本でどこに　いけば　日本語の　べんきょうが　できるのか　わからないので　こまりました。　おなじ　しごとばで　はたらいている　ブラジル人の　ともだちに　このことを　そうだん　しました。　ともだちにがっこうがあります。　いっしょに　いきましょう。　この　やかんちゅうがくに　くることになりました。　3か月に　なります。　いま、わたしは　ひるま　しごとを　してます。だから　ひるまの　がっこうに　いけない。

いま　わたしは　たくさん　ことば　こと　おぼえた。　たくさん　ともだち　できました。そして　日本人の　はなし　わかります。　だから　このやかんちゅうがくが　いちばん　いいです。　3か月　この　やかんちゅうがくに　きています。　いま、わたしは　ひらがな、カタカナを、すこし　おぼえた…かけます　よめます（すこしね）TVの　ことばが　たくさん　わかる。でんしゃの　アナウンス　たくさん　ことば　わかる。　〝しょくどう〟の　かんばんが　すこしよめます。　とても　うれしいです。

わたしは　たくさんの　ことばと　日本のぶんかや　日本人のしゅうかん　おぼえることが　できました。　そして　たくさんの　ともだちが　できました。　日本語も　すこし　わかります。

8か月　日本に　います。　このぶんは　ぜんぶ　かけました。できたのは　8か月のあいだできるだけ　がんばりました。　これから　できるだけはやく　日本のせいかつに　なれ　ならって　がんばりたいと　おもいます。

どうぞ　よろしく。

（一九九五年十月第六号より）

わたしのくに、イラン

ハーディ　セーダー　ギャッツ

わたしの　うまれた　ところは　イランの　カスミアンの　うみの　ちかくのサリという　まちです。　カスミアンの　うみでは　キャビアが　とれます。　そして、おいしい　さかながとれます。　とちの　ひとは　その　さなかを「しろい　さかな」と　よんでいます。　にほんではこんなに　おいしい　さかなは　たべたことが　ないです。

イランの　ゆうめいな　ものは、じゅうたん、キャビア、ねこ、サフランがあります。　せかいの　サフランの　70％は　イランでつくられています。てんきは　にほんと　おなじです。

イランでは　のうやくを　あまり　つかわないので、くだものが　とても　おいしいです。　オレンジが　たくさん　できて、ほかの　くだものも　いろいろ　あります。

わたしが　にほんに　くるまえに　すんでいた　ところは　テヘランです。　テヘランは　すごく　ひろくて、まわりを　さばくと　やまに　かこまれて　います。　たくさんの　くるまと　かいしゃが　あります。

かくめいまえの　イランには　がいこくじんが　たくさん　すんで　いました。　とくべつ　アメリカじんが　おおかったです。　イランじんは　おかねや　たべものが　ほしくて　かくめいをおこしたのでは　ありません。　じゆうの　ために　かくめいを　おこしました。　イランにはせきゆは　あったけれど、テクノロジーは　ありませんでした。　なにを　つくるにも　ぶひんは

みんな　アメリカから　ゆにゅうしないと　いけなかったからです。　いまは、じゆうに　テクノロジーの　けんきゅうが　できます。

わたしは　にほんじんから　ときどき「アメリカじんは　きらいでしょう」ときかれます。しかし、そんなことは　ありません。アメリカの　せいふは　きらいです。　でも、アメリカじんは　たのしくて　いいです。

（一九九五年十月第六号より）

自主夜間中学にきて

吉沢　美子

私は、自主夜間中学にきて、ちょうど一年近くになります。昨年の六月からきています。この自主夜間中学に通っている友人から紹介されてきています。私は、もう一度勉強をやり直しかったので、友人と話していたら、こういう自主夜間中学があることを話してくれました。私は、週一回火曜日にこられる時に通っています。今は、小学生の算数を勉強しています。私は、小学生の頃、算数が苦手だったので、あの頃勉強した内容を忘れていますので、今算数の基礎からやっています。少しずつ少しずつ思い出してきてがんばっています。算数を教えていただいている先生も、すごくいっしょうけんめいに教えてくれています。ほんとうに私にとってよかったと思っています。

この夜間中学にきて、高校時代のことも思い出します。私は以前、定時制高校に四年間通ったことがあります。ここで、高校時代のことを少し書いておきます。

四年間は、仕事と学校の両立で大変でした。いろいろなこともありました。私は途中で、何度も学校をやめたいと思ったこともありました。友人、家族、学校の先生、職場の上司に迷惑をかけたこともありました。でも、後になってみると四年間の定時制高校は、私にとっては、一生の思い出です。定時制に通う同級生は、途中で何人かやめてしまいました。私も途中で、何度もくじけそうになりましたが、友人と学校の先生達の励ましで、最後までがんばることができました。定時制高校の卒業式は、私は涙がいっぱいこぼれました。ほんとうに卒業までがんばることができてよかったです。

自主夜間中学の話にもどりますが、私にとって勉強は一生だと思っています。小学校、中学校、高校時代は、勉強不足だったので、まわりについていけない時もありました。一つの問題でわからないことがあっても、そのままにしていました。わからなくても、わかったふりをしている時もありました。そういうのが、ずっとくりかえしで学生時代を過ごしてしまいました。今になって、すごく自分自身を反省しています。

私は、勉強はきらいではないので、いつも心の中で、どこかでもう一度勉強をしたいと思っていました。去年から、自主夜間中学に縁があってこさせていただいて、ほんとうによかったです。まだまだ私にとって勉強は始まったばかりです。少しずつですが、私の気持ちは、勉強することが楽しいと感じています。この自主夜間中学に来て、ずっと後になって、きっと一生の思い出になるいと思いますので、毎週火曜はがんばります。

今回、このような文集を書かせていただいてうれしいです。ありがとうございました。これからもよろしくお願いします。

（二〇〇〇年九月第七号より）

自主夜間中学の思い出

都築　志織

私が夜間中学に通い始めたきっかけは、母校の相談員をしていた岡本先生に会えたからです。先生がいなかったら、私は今ごろ何をしていたのだか見当もつきません。昼間の中学校への登校は、私にとって、いつの日か苦痛になってきました。勉強はしたいのに、教室に入るのが嫌だった私

は、相談室登校をする事になりました。そこには、いろいろ話しを聞いてくれる先生達がいました。ある時、岡本先生が夜間中学校に来てみないかとさそってくれました。人も苦手、電車も苦手な私は、最初すごく抵抗があったのを、今でもよく覚えています。先生から聞いて想像していた夜間中と実際の様子は、少し違うような気がしました。夜勉強する事の多い私は、慣れていくにつれ、夜間中が、週二回の塾のようになりました。少しゆとりができたころには、年のはなれた人や、国の違う人達と仲良くなり、言葉を教え合い、話しができるようになりました。この夜間中に出会えたおかげで、普通できないような、貴重な体験をさせてもらいました。すごく感謝しています。先生方、他みなさま、大変ありがとうございました。

そして今、私は充実した高校生活をおくっています。先生や、友達にもめぐまれ、毎日が楽しいです。こんな楽しい日々が過ごせているのも、夜間中のおかげなのではないかと思います。私は夜間むきだと思ったので、高校も定時制にしました。夜間中で学んだように、この高校でも、たくさんの事を学べそうです。世の中にはいろんな人がいる。自分一人じゃないという事を身をもって実感できました。

今後も、たくさんの人に出会い、一つの小さな事でも学び、力をつけ、将来に生かしたいと思っています。

（二〇〇〇年九月第七号より）

私の居場所

長谷川　慶子

私が自主夜中に来たのは、小六のもう卒業間近という時だった。あれから八年と少し経ち、学校も三つ変わり、振り返ってみると長かったと思う。その間、何ケ月もこれないこともあったが、自主夜中は私にいつでも帰ってこれる落ちつける場所になっている。今は講師として参加しているが来る度、元気になって帰って行ける、私にとって貴重な存在である。

私が自主夜中に初めて来た時、私は不登校をしていた。自分にとって学校という世界で〝失敗〟したことに私は絶望し、ひたすら自分を責めていた。みんなが学校に行っている昼間、風邪でもないのに休んでいる自分がうしろめたくて、家から出るのが恐かった。外に出なければと思い、靴をはくのに恐くて出られなかった。家のドアがすごく重くて厚いものに感じられた。このまま家にいたら、体にもよくない。そんな時、知り合いが自主夜中に行っているという話をきき、行くことになった。夜ということもあって出やすかったこともあり、通うようになった。通うようになって、私は学校以外の世界をもった。そうするとそれまで自分にのしかかっていた重いものが、少し軽くなったような気がした。学校だけが全てではないと思うことで気持ち的に楽になり、小学校も卒業まで幾日となかったが登校できるようになった。

中学に入っても、高校に入っても、つまづくことはあったが、学校や塾等で何週間も行けなくても、行くとずっと受け入れてもらえるこの空間は、今も私のお気に入りの居場所である。

大学に入り、私は社会福祉を学んでいる。社会福祉において幅広い視野をもつことはとても大切なことであり、その初めは出会いである。自主夜中で私は多くの出会いをした。自主夜中に出会ったことをはじめ、いろいろな仕事をしている人と出会い、外国の人とも出会った。そして、それぞれの出会いの度、私は多くのものを得たし考えることもできた。どんな形で参加していても学ぶことのつきない所である。

私は、これからも学び人として、自主夜中に通うつもりである。途中、行けなくても必ずここには私の場所があるし、八年通った母校なのだから、そしてこれからも多くの出会いをしていきたいと思う。

（二〇〇〇年九月第七号より）

無題

A（学生　七八歳）

子供の頃より恵まれなかった私は、一つ学校へかよい通せなかった。転校ばかりしていたので親しい友人が一人も出来なかった。最後六年生卒業時は親元からさせてもらいましたが、明日から本格的に奉公に出すと「約束」を父親と話し合っていた。其の頃六年卒はたったの三人でした。せめて高等科卒の証がほしかった。そんな事考える時間はなかった。奉公先で見よう見真似で努力して来た。其の内に戦争がひどくなって来て、横浜で働いていたのだが、ここの住人一人残らず強制疎開の命令が出てしまい、泣く泣く実家にもどされた。以後敗戦を迎えた時は弟妹を見るために働いていた。運悪く家が丸焼けになってしまった。其の後に、見合いの話が有り、大工職人で年齢が十三才歳上の人、軍隊帰り、俺は酒は飲まないと話す。お互い裸同然、見るからに落着いた感じの人だと思えた。この人ならきっと弟妹の話も聞いてくれそうだと直感したので打算的に考えて、結婚してしまった。

戦後間もない頃だから、主人は「俺一人で東京へ友人を頼って行き二人の生活の足場を築くから半年程、呼ぶ迄まっていろ」と、大工道具を肩に出かけた。私が呼ばれていった頃はまだ地下壕に住んでいた人も大分いた。よしどんな苦労でも、ここで「ガンバル」と心に決めた。物資に不足しながらも、弟妹の面度も良く見てくれた。学校の事、就職の件、住居の件、ほんとに助けられた。二人の息子にも恵まれ、主人は棟梁としての威厳を持ち、二人の息子にも勉強させ、建築士の資格を得させた。いつか主人は病におかされていた。入退院の繰り返しとなった。「長男は」弟にこの家を譲る、設計技師として独立する事になった。二男は「親二人は俺が面度う見るから、それについて株式会社にするから、印を押してくれ」と嫁と二人で申し出て来た。自分は何もわからず見ているだけだった。其の後主人は他界してしまった。数年はブームに乗り生活も向上したが、後に「バブルのハジケ」にそうぐうしてしまい大きな仕事から集金がならず自分の家、土地五〇坪、マンションまで銀行におさえられとうとう、競売になってしまった。現在私は長男の世話になっている。そんな経験から、学問の必要性を感じ中学ぐらいの勉強はしたいと思うのです、おそいと、思われても良い、心のより所としてやってみたい、身体上の挫折を感じながらでも前向きに生きたい、生きていて良かったと思いたい。小学六年生迄の勉強は先生方の指導によりまして自分の納得行く迄出来た事をとってもうれしく思ってます。きっと卒業証書は出ないでしょう。でも先生方のお陰でここ迄、ガンバッテ　来られました。各人皆それぞれの理由があって自主夜間中学を利用しているると思います。私も前向きに考えており、これからも宜しくお願い致します。

（二〇〇六年二月「月明かりの学舎」より）

川口自主夜間中学での出会い

スタッフ　長谷部 健一

私が川口自主夜間中学のスタッフとして通い始めた頃、一人のペルー人男性が日本語を勉強に来ました。名はアレハンドロ・イサといいわたしはその生徒に日本語を教えることになりました。そして、一緒に勉強していくうちに、しだいに親しくなって行きました。ですから、行事や集会などに誘うと、こころよく参加してくれました。時には、一緒に遊びや買い物に出かけたりもしました。

彼は四年ほど私と一緒に勉強して、帰国しました。その後は、ずっと手紙での交流が続いています。ある時、彼の娘さんから一緒に勉強してくれたことへの感謝の手紙が届いた時は感激しました。

彼が帰国して十四年になりますが、未だに絶えることなく手紙での交流が続いているということは、私の自慢でもあります。

というのも、私たちの教室には多くの外国人生徒が日本語の勉強に来ています。けれども、そのほとんどが教室を去ってしまうと、音沙汰がなくなってしまうからです。

生徒が帰国してしまっても、なおも交流が続けられるというのは、なんと素晴らしいことでしょうか。

この度、文集を作るということで、彼に原稿を依頼したところ、早速、書いて送ってくれました。夜間中学への感謝をつづった、とても彼らしい内容のものです。原文はスペイン語です。うまく訳せないのが残念ですが、私の拙訳で読んでいただけたら幸いです。（二〇一三年三月第八号より）

夜間中学に感謝

元生徒　アレハンドロ・イサ

私の人生の中で、ふと立ち止まった時に気付くことがあります。それは、日本に住んでいたあの頃を思い出すと、あの場所で友情を確かなものにしていった。それを忘れていなかったことに気付くのです。

夜間中学のことは忘れられません。そこは、日本語を教わるだけの場所ではなく、共有の価値を育みつつ、仲間意識を強くした場所でもあります。

家族が遠く離れているのはさびしいものです。夜間中学で明るく楽しく過ごすことで心が落ち着きました。夜間中学は、国や信条が異なっていても、決して拒むことはしません。ですから、今まで家庭のように思っています。

夜間中学。そこでは友達や先生、それに仲間たちとの出会いがありました。多くのことを学び、とても良い思い出ができ、あなた方にほんとうに感謝しています。

夜間中学のことはいつも心の中にあって、記憶にとどめておくだけでなく、私の子供達さらにその子供達にも共有させたいです。

皆様にはいつも、神の御加護と祝福がありますように。では、また近いうちに。

アレハンドロ（在ペルー・トルヒージョ）

（二〇一三年三月第八号より　スタッフ　長谷部健一訳）

日本の生活

黄 錦英（中国）

私が日本に住み始めたのは二年前、２０１０年の十一月頃でした。その時、まだ幼かった私は日本語も片言しかできなかった。遊び頃の十六歳の私。でも友達のいない日々、家族はみんな仕事仕事で忙しかったので、毎日ひとりで、家でパソコンをやっていました。

そんなある日、私は「バイトを探します。」ってお母さんに言いだしました。お母さんは笑いながら、「あなた、日本語下手なのに大丈夫?」と言いました。今思うと、多分、私はお母さんの言葉のせいで、強がって一生懸命バイトをさがしました。でも、やっぱりだめだった。

十ヶ所に電話してもみんなダメでした。お姉さんは、私が落ち込んでところを見て、自分がバイトしているコンビニに私を紹介してくれました。そして、面接したところ無事、人生初バイト。私は本当にバイト先を遊び場のように思いながら、単純に仕事をやってました。

２０１１年4月、川口自主夜間中学の先生達のおかげで川口市立県陽高校に受かりました。ここで、特に私の恩師であり、お父さんみたいな遠藤先生に、本当に感謝します。私のためにいろんな高校を調べて、連れて行って、高校受験のためにいろいろな問題を集めてくれました。高校に入れたのも先生がいたからこそです。

２０１１年7月、私は本当にめぐまれてるんだなと思いました。お姉さんの友達から、ホールのウエイトレスをやってみないとさそわれ、面接し、バイトのかけもちを始め、三ヶ月間ずっと、コンビニ、ホール、学校、家この転々とした生活が始まり、私はすぐ飽きました。そして、コンビニを辞めて、ホールで仕事して、学校に行き、学校の授業を終えたら家に帰り、つまらなかったけど給料日が楽しかった。そして何より、自分が汗かいて自分の金で好きなものを買う、たまらなかった。

２０１２年３月、いろんな理由でお母さんが韓国へ行くため、私は一人暮らしを始めました。もちろん、お母さんは私のために、駅から近い、家賃が安いお部屋をさがしてくれました。私は一人暮らしができると思って、自由になるんだと本当に空を飛んだ気分だった。

でも、そんな日々も３ヶ月くらいで終わり。私は、いろんな料金、いろんなことを自分ひとりでやるのが大変でストレスでいっぱいでした。お母さんがいた時私は、本当に子供で、何にもしないでも生きられるし、楽しかったと思いました。

でも、私は後悔しません。いろいろあって引きこもりにまでなりかけた私だけど、仕事は遊び場ではない、生きるため、食べるためだと気付きました。つらいけど、それが現実です。がんばります。

（二〇一三年三月第八号より）

第4章

私と夜間中学

胎（たいどう）動　第8号

なかまたちの夢つどう
月明かりの学舎

川口自主夜間中学
埼玉に夜間中学を作る会

九十歳の生徒　阿部次子さんの近況

小倉 光雄

阿部さんは、昔から足が悪く歩行が困難でしたが何事にも前向きに取り組まれておられ、現在、週二回戸田市のデイサービスで、周囲の人々に対しても気遣いをされながら、明るく楽しい生活をしておられるご様子で安心しました。

二〇一五年年末、アポイントを取りお訪ねすると「五年ぶりかしら、先生にお会いできる日を本当に楽しみに待っていたのよ」と笑顔でいろいろお話ができました。

阿部さんは大正十五年、群馬県で六人兄弟の次女として生まれ、小さい時から弟たちの子守をしたりして、満足な学校生活を送ることができなかったようです。十二歳で汽車に乗り、横浜に奉公に行き様々な仕事をしましたが、手先が器用で随分ほめられた由です。

二十四歳で結婚、ご主人は工務店で働き、子宝にも恵まれ、独立して工務店を経営するなど幸せな生活も、ご主人の病死で工務店が倒産し、苦労の連続が続いたということです。自分には学ぶ機会がなく肩身の狭い思いをしただけに、子どもたちにはしっかりと学ばせたいと、身を粉にして働き目標を達成されました。阿部さんは本を読むこと、手紙を書くこと、手芸をすることが大好きでしたが、今も同じでした。

川口市に住んで、人づてに「川口自主夜間中学」があることを知って、栄町公民館に通い出したのは七十七歳の時のこと。「何も知らない私に先生方は親切にいろいろ教えて下さり、本当に楽しい時間でした」と想い出をなつかしく話してくれる最年長の生徒。

書くことは好きなのですが、文章は自己流で誤字も多いので、基本的に初歩から始めましょうということになり、書き順を学び、漢字検定に合格した時の笑顔は忘れられません。課題の作文を出すと、翌週は必ず原稿用紙にきちんと書いて提出するのを、その場で添削すると納得されます。課題のテーマはいつしか自由にすると、自分の苦労したことなどを赤裸々に書いてこられ、「自分史」が「阿部さんとのラブレターだね」と言い合っていました。

私は阿部さんより七歳年下ですが、戦時中のことや戦後の食糧難などの苦労を経験しており、共通の価値観を持っていたのでわかりやすかったと思います。「昔と比べ今は良くなったしぜいたくになりすぎて困ったもの」と昔話に花が咲くこともありました。

さらに　次の課題として「英語」に目標を決め、ローマ字に挑戦されました。

阿部さんは足が悪くゆっくり歩くため、往復一時間をかけて通いましたが、遅刻しない模範生でした。手先が器用でクリスマスには、自分で編んだ小さな毛糸の靴下や、折り紙で作ったサンタクロースをたくさん持ってこられ、みなさんにプレゼントされていました。

阿部さんは五年ほど通われ「知らないことも恥ずかしくなく、なんでも聞けた」と喜んでいましたが、家を引越しされて「残念ですが」とお別れしました。

その後、毎日新聞の記者と一緒に阿部さんの取材のためお会いしましたが、その時「夜間中学に行けなくなりましたが、近所の図書館で本を借り、ノートに本の名前や感想を書いています」と言われ、うれしかったことを思い出します。

そして今回の再会でした。

「先生、最近読んで感動した本」とさっそく一冊の本を持参し、見せてくれました。

「土佐堀川」—女性実業家　広岡浅子の生涯（古川智映子著）。

私は読んだことのない本です。

「阿部さん、この本はNHKの朝ドラ「あさが来た」の主人公の本ですね」と言っても、阿部さんはテレビを見ていないので、浅子を演じる加野屋の女将「波瑠」の熱演のことはご存じないので（私も見ていないのでくわしい説明はできません）見ることをお勧めしました。それにしても相変わらずの読書好きと感心します。

次に「先生、何も知らないで相談するけど、私でも本を出せるかしら？」とのことで正直言ってびっくりしました。「阿部さん、どんな本を出そうと思っているの」と聞くと次のように話されました。

阿部さんの昔かわいがっていた姪が結婚して、一人娘が誕生しましたが障がいで歩行困難の状況でした。両親はY子さんを一生懸命育て、Y子さんも期待にそって成長し、この春群馬大学を卒業。高崎の中学で数学の教員に採用が決まり、高崎に下宿することが決まったので、両親の苦労話を書いてみたいと、資料も少し準備してあるとのことでした。

Y子さんは歩行困難でも車椅子の生活ではないということで、乙武洋匡さんのことを思い出して「Y子さんが身障者でも、それよりもっと厳しい状況の乙武洋匡さんは、早稲田大学政経学部の四年生の時、自分で「五体不満足」という本を出して多くの読者に感動と勇気と感銘を与えたのですよ」と話をすると、「私が書くよりY子が書きたくなれば書いた方が良い」と納得されましたが、本の出版という夢と希望を持つその前向きな姿勢に学ぶことが多いと思います。

乙武洋匡さんは一九七六年に生まれ、先天性四肢切断の障がい者で（生まれた時、両腕両脚がない）、「手足のないゴミなんか相手にするな」といじめられたこともありましたが、「僕には僕しかできないことがある」と努力され、東京都教育委員などで活躍されています。

阿部さんに最近のポコアポコをはじめ、三十周年の資料など差し上げると大変喜んで、「ゆっくり読ませていただきます」と夜間中学をなつかしんでいました。

施設の方にお話を伺うと、阿部さんは足が悪く、耳が遠く不自由ですが、明るくいつも笑顔で仲間の人たちにも好かれており、施設には九十五歳の方もお元気に歩いて来られるとのことでした。

新年おめでとうございます
先日わざわざお出でいただき本当に有り難うございます。先生と話しているうちに学校にもどりたくなりました。元気でいるならきっと又もどると思います。元気を取り戻し　先生方（金子先生にも）こんな私を勇気づけて下さって有り難うございます
先生方も身体に気をつけて皆様のために頑張って下さいませ
有り難うございました　皆様に宜しくお伝え下さいませ
今年もお元気で　またお会いしたいです
二〇一六年一月記
（阿部さんからこのような年賀状を元旦にいただきました）

「字を習いたい」無言の叫び――
ふみ子さん（仮名）との出会い

遠藤　芳男

一緒に学ぶことが楽しい

上尾高校定時制を最後に定年を迎え、何か社会に恩返しができないか…と大それた考えで、川口自主夜間中学校に国語のスタッフとしてお世話になって五年経過した。最初は戸惑うことばかり。教科書もない、教具もない、独立した教室もない。寺子屋のような学習の場。週二日の授業。教職の経験はかえって邪魔だった。「あせらない、あせらない」、そう思いながら通っていた。何しろ片道二時間、それでも通い続けてきた。どうしてなのか…それは一緒に学ぶことが楽しいからだ。勉強することは、教える人も教わる人も共に学び合う成長の場なのだと実感させられたからだ。

字が書けないとバカにされたから…

ふみ子さん（五十八歳）との出会いは、一昨年の二月末頃。生活保護受給者の生活支援員の女性に付き添われて、教室に入ってきた中年の女性がふみ子さんだった。

夜間中学の代表からは、「夫からのＤＶ（家庭内暴力）で男性恐怖症になった」と事前に聞いていたので、男性である私でよいのだろうかと不安が先に立った。支援員の方から紹介があっても、うなずくだけで一言も話してくれない…。

「そうか、ふみ子さんは初対面で緊張しているんだ」——心がほぐれなければ勉強なんかできない。私もそうだ。お互いに緊張していたら先に進めない。大げさに言えば、ふみ子さんに信頼に足る先生、人間として認識してもらわなければ、今後の学習が成り立たない。私が学校の先生をしていたこと、聾学校で耳の不自由な子どもと勉強したこと、定時制高校で働きながら学ぶ生徒たちのことや、私の家族のことなど、思いつくままに彼女に話した。

「ふみ子さん、何を勉強したい？」

「字を習いたい。学校行ってないから。字が書けないとバカにされたから…」

「そうか…一緒に字を覚えようね。どんな字を知ってる？　自分の名前を書ける？」

ふみ子さんは紙を前にして首を横に振って、下を向いてしまった。

ふみ子さんは一九五〇年生まれの私よりも六才も若い。ふみ子さんの幼少期は六十年代の石炭から石油へのエネルギー革命、高度経済成長へとこの国が急成長した頃だった。公団住宅が郊外に建てられ、我が家にもテレビや冷蔵庫、ガスや水道も整備され、〝文化的〟な生活が始まった時期だった。団塊の世代の私たちが受験戦争に駆り出された頃、ふみ子さんは〝生きるため〟に幼い身を削って生きていた。

「学校に行きたくても行けなかった」

にわかには信じられなかった。身体に障がいがあるわけではない。なぜ学校に行けなかったのか。戦中戦後の混乱期ならばまだしも、昭和三十代の後半にである。

彼女と話しながら考えた。根本の原因は、貧困。そして、社会の無理解ではないかと。字を覚えること、それは彼女にとって自分を取り戻す闘いなのだ。それも真剣勝負だ。私も教師として覚悟を決めた。

妹を背負って学校へ

ふみ子さんは茨城県の北部の山間地で生まれた。父母は山仕事、幼い弟や妹(ふみ子さんは十人兄弟の長女)の子守りをしたり、家事をしながら学校へ通った。妹がグズると「教室を出て行け」と先生に言われ、授業はほとんど受けられなかった。この国が高度経済成長を始めた東京オリンピックの頃だ。

小学一年の冬、ふみ子さんは里子に出され、小さな身体で谷川から水を桶に汲んでは何十往復もして、風呂桶を満たすなど、里子先の家事を七歳の時から泣きながらしていた。同じ年齢の里子先の女の子は学校に行けても、ふみ子さんは行けなかった。テレビドラマの「おしん」そのままの毎日だった。

小学校三年の頃、実家に戻されたけれど、両親が山仕事に出かけると幼い弟や妹たちの世話をしなければならなかった。水汲みも食事の用意も汚れ物の洗濯も。家事のほとんどが幼い彼女の仕事だった。自分の家に帰ったら学校に行きたいと願っていたふみ子さんは、妹を背負って学校へ行った。また赤ん坊が泣くのがうるさいと教室を追われた。勉強はしたかったけれど、あきらめて家の手伝いをしていた。

十五歳の春。近所の子どもたちは中学校を卒業し、東京へ就職していった。ふみ子さんも親類を頼って東京の下町の小さな縫製会社に勤めた。その後、十七歳で結婚、子どもが二人生まれた。食料品店を経営する夫を支え、ふみ子さんは懸命に手伝った。しかし、小学校にも通えなかったふみ子さんは字が読めない。ひらがなも満足に書けない。足し算もかけ算もむずかしい。

はじめはやさしかった夫も、そんなふみ子さんに暴力を振るい始めた。暴力に耐えかねて、四十歳を前に家を飛び出した。字も読めない、計算もできない人間に子どもはまかせられないと、二人の子どもの親権までも奪われてしまった。弟の住む川口市に逃れたのは五十歳を過ぎた頃だ。数年後これ以上弟に迷惑をかけられないと、生活保護を受け始めた。

「字を習いたい」と支援員に相談して、川口自主夜間中学を訪ねたのだった。

まず自分の名前から

ふみ子さんにとって、読み書きができるようになることは、けっして幸せとは言えなかった人生を取り戻すことではないだろうか。一緒に学習しながら、私はその思いをさらに強くしていった。

「名前を書けるようにしようね」

『糸山ふみ子』と何度も何度も自分の名前を口にしながら、私が書いた手本を見ては一字、一字、丁寧に書いていく。

「住所も覚えようね。かわぐちは漢字の方がやさしいかな？」

ノートいっぱいに名前と住所を、何度も何度もたしかめて、ふみ子さんは書いていく。

いきなり「あいうえお」の練習では、頭がいっぱいになってしまう。身近なものからあせらずに少しずつ——そう自分に言い聞かせながら、ふみ子さんとの学習をスタートさせた。

週一回、火曜日だけの学習では思うように進まない。ある日、どうしても時間が足らず、思い切って話してみた。

「う〜ん…ここは宿題かな…」

下を向いていたふみ子さんが顔を上げて言った。

「えっ、宿題⁉」

「ごめん、宿題にしよう」

「宿題？」

私を見上げるふみ子さんの目が輝いていた。

ふみ子さんにとって、「宿題」イコール「学校」なのだ。宿題をしてみたかったのだ。三十七年間教員をしてきたけれど、「宿題」を喜ぶ生徒に初めて出会った。彼女にとって、学ぶことは本当の自分を取り戻すそのものなのではないだろうか。宿題用のノートを渡すと、翌週はページいっぱいにひらがなの五十音を書いてきてくれた。

初めての作文は日記から

字を習い始めてから一か月半。

「昨日のことを時間の順に思い出して書いてみよう」と言うと、ふみ子さんは、私に話しては書いていった。

『あさ六じにおきました。めざましはいりません　いつも六じにぱ（っ）と目がさめます　あさごはんのあとせんたくをしました　そのあとうんど（う）をしました』（四月十五日）

そして一か月後、ふみ子さんの作文に変化が出てくる。

『きょうは朝からじてんしゃで走りました。ひとりだとてもふわ（あ）ん。じがよめないから、ど（っ）ちにいっていいかわからない。わたしもこのよのなかにいきていたのだから　でもいきていくことがこんなにつらいと　いままでおも（っ）てもみなかった』（五月十七日）

生活保護を受け、周囲の目を気にしながらの生活。複数の持病があり、そのうえ、教育を受けていないにもかかわらず、毎月のように役所から呼び出され、〝就労〟の勧告がある。七月になると作文の内容がさらに変わってきた。

『きょうもあさからばんまであるいた。あるきつかれた。きょうはあつか（っ）た。しごとがない。』（七月二十四日）
『（弟から）いまさらべんきょうしてどうなるんだ。おぼえられ（っ）こないよ。ほんとだと思った。あせればあせるほどつらいよ。いきていてもつらいことばかり。しにたいとなんどおもったかわからないよ。』（七月二十九日）

役所から仕事につけと言われて、どれだけ仕事を探して歩いても、読み書きのできないふみ子さんにできる仕事は見つからない。

『せ（い）かつほご　もううけたくない。いえにかえるのもきんじょうのめをきにしながらかえる。もうつかれた。いきていく（っ）てこんなにつらいのか。バカだとなにもできない。としをとりすぎた。　——中略——
よめない　かけないでどれだけきをつかうか。ふつうのひとにはきっとわかってもらえないよね。じぶんひとりでくらすことができてもよのなかにおいていかれた。もっとはやくきづけばよかった。』（八月二日）
　学ぶにつれて、ふみ子さんの表現は豊かになっていった。そして深く自分を見つめることも。九月になる頃、宿題を出した。自分の人生を振り返ってみてほしかったからだ。ふみ子さんは連絡用に携帯電話を持っている。

「先生、これでひらがなが漢字になるよ」
笑顔で教えてくれた。

私の小さい時

糸山ふみ子

私の小さい時いつもお腹がすいていた。

親にたたかれて育った。何でたたかれるのかわからなかった。冬でも外にいた。私の父親でなかった。どれだけたたかれたかわからない。弟が生まれたらひどくなった。

私はいつもビクビクしていた。おじいちゃんとおばあさんにもいつもいじわるされた。私はよその家にだまって上がってご飯を食べた時もあった。私わ（は）たたかれて死にそうになった。父親に火ばしでたたかれて歩けなくなった。父親はいつもお酒を飲んでいた。私はこわくて家のすみにいた。

小学校一年生の時、よその家にあずけられた。その家にも子供がいた。私と同じ年の女の子がいた。私は自分のことは自分でなんでもやった。迷惑をかけたくなかった。本当は甘えたかった。

なんで学校行けなかったのか。でも、私はよく働いてきたきよく（記憶）がある。中学校卒業して（一日も中学校には行けなかった）おばさんの会社で働いた。ここでもイジメられた。つらかった。

私が十七歳の時、結婚した。

いろいろあって疲れた。あまり思い出したくない。なんで辛い事ばかりなのかな。これで一生終

わりなのかな。でも今が一番幸せ。（九月二十五日）

昨年の六月九日、夜間中学の法制化をめざす議員連盟の国会議員の方々が視察に訪れた。その折、川口自主夜中の現状について意見発表をした。ふみ子さんの作文を朗読し、一日も早く埼玉に公立夜間中学をと訴えた。ふみ子さんの作文に議員たちは熱心に耳を傾けてくれた。字を覚えたい、教育を人並みに受けたいという彼女の思いを、広く知ってもらうきっかけにすることができた。彼女が身につけたことばの力を借りて、私たちを代表する超党派の国会議員に直接伝えることができたのだ。

ようやく明るい表現が見られたと喜んでいたのに、ふみ子さんはぷっつりと姿を見せなくなってしまった。

また手紙を書きます

支援員さんにふみ子さんの様子を聞いた。持病が悪化して自転車に乗れなくなってしまった。そのうえ、頼りにしていた弟さんが労災事故で大ケガをして入院。学校に来るどころではなかったのだ。

ふみ子さんに手紙を書いた。返信用の切手を貼った封筒に私の住所と氏名を書いて。しっかりとした文字の返事が来た。

『こんにちは久しぶりです。いろいろ気を使ってくれてありがとうございます。弟のことで大変です。親に連絡しても何もしてくれない。字が書けないってこんなに大変だと思わなかった。また勉強したいと思います。』（五月一日）

ひらがなも書けなかった彼女が、こんなにりっぱな手紙を書いてくれた。私は手紙を書くふみ子さんの姿が思い浮かび、ありがたくて涙が止まらなかった。

その後も文通という形でふみ子さんとの学習はつながっている。

『遠藤先生ご無沙汰しています。お元気ですか。私は色んなところが痛くてたまりません。夜も眠れない時もあります。自分の体じゃないみたい。急に遠藤先生の事が頭にうかんで』（十二月一日）

切羽詰った手紙が来た。すぐに支援員の方に相談して病院へ行くようにと、手紙を出した。何もしてやることはできないが、クリスマスの日に思いついてデパートで手袋を求め、ふみ子さんのもとに送った。

年末の買い出しから戻ると、ポストに手紙があった。ふみ子さんからだ。

『今日、役所に〇〇さんと一緒に医療けんをもらいに行きました。帰りに医者によってきました。帰ってきたらポストに何かが入っていたのでびっくりした。よく見ると遠藤先生から。あけてみたらクリスマスプレゼントと手紙が入っていた。私はあまり人からもらったことがない。親からも一度ももらったことがない。涙が出た。ありがとうございます。今の時間は一時です。また手紙書きます。ありがとうございます。』

ささやかなプレゼントに涙して喜んでくれる。夜中の一時までかかって、丁寧な礼状を書いてくれる。ありがたくて私も涙が出た。

ふみ子さんは手紙の末尾に、毎回必ず「また手紙を書きます」と書いてくれる。教室に姿は見られなくなったとしても、ふみ子さんは私の大切な教え子だ。世の中の苦労や病気をすべて背負って生きている、と言っても過言ではないふみ子さんとのつながりを、私はこれからも大切にしていきたい。

いつか彼女が胸を張って、埼玉の公立夜間中学で仲間と楽しく机を並べ、勉強する姿を夢に見ながら——。

日本語を必要とする子どもたち

林　一廣

ボランティアスタッフとして

私はある機関の広報誌で川口に夜間中学があることを知りました。以前から不登校について興味を持っていて、その子どもたちと何らかの関わりを持ち、子どもたちの環境の変化や考えに寄り添うことで、解決ができないかと考えていました。

この夜間中学はそのような子どもたちが行きやすい場ではないかと思い、ボランティアスタッフとなりました。まだ一年足らずですが、戸惑いながらも生徒と一緒に学び始めました。

私は自主夜間中学で、フイリピンからの帰国子女を教えることになりました。子どもたちは自主的に日本語のレベルアップや高校入試のため通学しています。ここは学ぶ場ですから環境作りも大事です。できる限りの会話をしながら、通学が楽しくなるような雰囲気を作ることに心がけています。

彼らは親の仕事の関係で来日し、将来とも日本で暮らすために日本語の勉強をしています。その学ぶことに対する姿勢は真剣で、出席率も高く我々も学ばなければならないとつくづく思います。五人の子どもたちは、この夜間中学に通い始めてから休んだのは、私の記憶では一～二回です。

夜間中学での子どもたちの様子

山崎アリサさんは昨年七月より通学しています。フィリピンでの義務教育を終了していますので、昼間はアルバイトをしています。最近わかったことですが、高校入試の手続きのため、学校と相談したところ、フィリピンでの義務教育が一年間未修であることがわかり、日本の中学で一年間勉強しなければ受験できないそうです。したがってこの川口自主夜間中学は卒業証書がないので、都内の公立夜間中学に入学の予定です。

朝八時から夕方五時まで仕事、その後勉強です。時々あくびをしながら学んでいます。日本に来てすぐにこの夜間中学を見学して、通学が始まりました。初めての国で、初めての外国語を学ぶことは言葉や態度には出ませんが、本人にとっては相当なプレッツシャーがあり、カルチャーショックとの戦いだと思います。勉強中に多少のあくびや居眠りには、目をつぶっています。

日本に来てまだ日が浅く、勉強は「あ、い、う、え、お」の読み書きからスタートしました。最近はそれらを読めるものの、スラスラと書くには苦労しています。漢字の読み書きをするにはもう少し時間が必要と思います。学ぶことへの姿勢は見せるものの集中力が続きません。語学は暗記することが大事ですので忍耐、忍耐と常に言い聞かせています。また毎日家で五分でも十分でも暗記するよう話をしていますが、日々実行するのは大変のようです。それでも休まずに通学していますので、何とか力になればと思い私も休まずに通っています。アリサさんは前述の通りこの春には都内の足立区立第四中学校の夜間学級に入学予定です。この川口夜間中学が公立であれば、三月に卒業して高校受験できたのですが、公立夜間学級に一年間通学して、義務教育を終えてから高校受験を目指すことになりました。

今まで続けてきた努力の延長線であり、また同年代の同様な価値観を持った友人も増えて楽しい学校生活が待っていると期待をしています。


小池龍也君は昨年の六月より通学しています。小池君は川口市内の公立工業高校の入学が決まっています。この夜間中学校での学びの時間は残りわずかとなります。ここでの様々な経験を生かしてさらなる活躍を期待しています。

小池君は日本に来てすぐに市内の中学に転入し、昨年日本の義務教育を終了しました。昼間は自宅で受験に向けて、自分で必要なテキストを用意して自主勉強をしています。将来は電機関係の仕事を希望しています。私と一緒に学ぶときは日本語の朗読ができますので、日本語のレベルは高いと考えています。

また必要に応じて数学や歴史の勉強もしています。でも日本史は少しむずかしいようです。少しシャイな性格ですが、高校に通い友人が増えてくると楽しい高校生活を送ることができると思います。


小池祐希君は、昨年の十月よりこの夜間中学に通学しています。小池龍也君の弟です。はじめは龍也君だけ通学していましたが、兄の誘いで通学を始めました。市内の中学一年生で学校生活は楽しそうです。学校では英語クラブで活躍しているようです。英語は得意ですので友だちも多いのではないかと思います。この夜間中学への通学は、日本語と日本について勉強したいという理由で通い始めました。テキストは現在通学している中学校で使用している教科書を使い、地理など社会科を勉強しています。私も頭の体操気分で一緒に学んでいます。

福山ウェンさんは昨年十月よりこの夜間中学に通学しています。日本には昨年の三月に親の仕事の関係で来ました。現在市内の中学一年生です。帰国後、民間の日本語学校に通っていましたが、契約期限が終了となりこの夜間中学で学び始めました。中学校ではバトミントンクラブで汗を流しています。毎日ハードな練習をこなしながら、「お腹がすいた」と言いつつ休まずにこの夜間中学に通っています。ウェンさんは社交性もあり友人も多いことと思います。

日本語のレベルは高く、ややむずかしい漢字にも挑戦をしています。二年後の日本語力が楽しみです。私としては毎年、川口市で行われている日本語スピーチコンテストに参加してもらいたいと考えています。

熊谷ゆうかさんは昨年十二月より夜間中学に通っています。日本には一昨年に来て、現在は市内の中学三年生です。日本に来て一年半くらいたち、毎日学校で日本語を学び、話していますので日本語のレベルは高いです。テキストは学校で使用しているものを使い、日本語、英語、公民をこの夜間中学で学んでいます。

今年の春から吉川美南高校に通うことになっています。

将来はエンジニアを目指して、夜間中学で静かに黙々と勉強に取り組んでいます。私は熊谷さんと勉強を始めてまだわずかな時間ですが、どうしてもわからないところだけ聞きにきて、自分で努力をしています。

高校での学業成績が楽しみです。


現在、私が日本語の勉強をサポートしている生徒はフイリピンからの帰国子女で、日本に来てから一年前後です。彼らの母国語はタガログ語ですが、第二外国語は英語のようです。私がどうしても日本語で説明できないときは、英語で説明すると理解してくれます。

日本語のレベルは、日本に来てからの在住期間の長短で少し差があります。それぞれ一生懸命に取り組んでいる姿を見ると、サポートするスタッフとしてはむしろ彼らから励まされています。また彼らは夜間中学の出席率も高く、逆に刺激を受けて責任を感じるところです。毎週二回、休まずに夜間中学に通学して一生懸命に学ぶ姿は美しくも、頼もしくも思います。将来、日本での生活を目指して努力をしている姿は輝いています。私は子どもたちの夢に向かう一助になればと楽しくサポートしています。

今後の夜間中学について

日本はアメリカや中国に次ぐ経済大国と言われていますが、その立場にふさわしい振る舞いは経済力のみだけではなく、海外の若者から日本に魅力を持ってもらい、将来日本で活躍しようと志す若者たちに、暖かい心で受け入れることが大事ではないかと考えています。

この夜間中学に通学している子どもたちは、様々な家庭環境があると思います。我々スタッフは通ってくる子どもたちの学ぶことへの姿勢、取り組みを大事にして、学びやすい環境を作ることが大切だと心がけています。

不登校の原因は様々であるように、その解決の方法も様々であると思います。この夜間中学では、その一部分でも解決への手伝いができればと考えています。学校での勉強はつまらないかもしれないけれど、この夜間中学では気持ちを楽にして勉強ができるようにしたいと思います。

現状は生徒個々の要望に合わすことができないため、日本語のレベルや学力、年齢などの区別なく、ひとつのグループで勉強しています。教室が複数あれば、より子どもの心に寄り添った勉強ができるかもしれません。

彼らが日本あるいはどこかの国でビジネスマン、社会人として活躍する日がくるでしょう。そのとき、わずかな時間であったけれど、この川口自主夜間中学での貴重な勉強の機会が彼らの心の片すみに残っていれば、うれしいかぎりです。

「未来に向けた一歩」の後押しをしたい

木村 義秋

川口自主夜間中学での出会い

川口自主夜間中学は週二回、火曜日と金曜日に教室を開いています。年齢、国籍を問わず、学びたいと思う人は誰でもこの教室の扉をたたくことができます。正規の学校のようなカリキュラムはなく、学ぶ人に寄り添う形で学習を進めています。そのため、教室への参加は本人の自由に任され時には途中で来なくなる人もいます。しかし、学びたい人にとっては大切な居場所となっています。

私は火曜日担当のスタッフとして三年、主に教科（算数や数学、理科や物理）の勉強で関わることが多いのですが、たまに日本語の読み書きのお手伝いをすることもあります。毎回、教室の受付テーブルに新しい方が訪ねてきます。ここに来ている生徒さんを見ていると、外国人と日本人では微妙な違いがあるのを感じます。それは学ぼうとする意欲や姿勢の違いです。外国の方は「自分が学びたいから」との気持ちがありとても積極的で前向きな態度なのですが、日本の方は「あまり迷惑をかけたくない」との気持ちがあるのか、どうしても遠慮がちで教室の空気に馴染むまでに時間がかかるようです。

これまでにいろいろな出会いがありました。たとえば、中国から来た中学二年の女子と勉強したことがあります。彼女はとても理解力があり中学校の成績もよいとのことです。通い始めの頃は学校の宿題や予習をするために通っていましたが、ある時クラスの中で意地悪な男子がいて、いつも「お前の日本語は変だ」とからかわれていやなのだそうです。「この頃、日本語をしゃべりたくない気持ちだ」と言うのです。「担任の先生に相談してごらん。いやなこと言われたら遠慮しないで中国語で言い返したらいいよ」とアドバイスをしたことがありました。最近、彼女はこの教室にあまり顔を出さないのですが、がんばっていることでしょう。

「少し日本語できます」というバングラデシュの男性と勉強したことがあります。日本に来る前に日本語を勉強していたとのことです。どんな勉強をしたのかと聞くと「日本のアニメで勉強した」というのです。確かに、ときどき日本の今風言葉やため口ことばも飛び出します。職場の同僚との会話は大丈夫ですが、街で人に話すときや上司と話すときなどは緊張するというのです。以前、上司に言葉遣いで注意されたことが強く印象に残っているようでした。「そうだね。きれいな日本語も勉強しようね」と励ましたことがありました。

日本人で物静かな年配の男性と何度か勉強しました。いつもの先生がいなく一人でいるのを見かけ声をかけました。赤茶けた古い英語の教科書を開き、ノートに小さな文字をコツコツと書いているのです。その男性はときどき廊下に出てはまた戻ってきます。どうしたのかと聞けば、カセットテープの調子が悪く廊下で聞いていたのだといいます。「がんばっていますね」と声をかけると、中学二年の教科書と教科書準拠のテープがあったので英語の勉強をしたいと思い立ったのだと言うのです。今も、コツコツと小さな字を書きがんばっています。

日本人で不登校の中学三年女子とも勉強をしました。最近、高校進学を目指す気持ちになり、他の塾と掛け持ちでこの教室で理科を勉強したいとのことでした。本人の様子を見ていると、「焦り」が見受けられました。計算や用語の確認で間違えを指摘されると、頭を振り「ちがう！」と自らを戒めるのです。きっと、今までの学習の遅れを取り戻そうとがんばっているのでしょう。彼女に合いそうな自主教材を作り、今できる最低限の勉強を進めました。少したった頃、この教室に来る前の時間を使って「学校に慣れるためのリハビリ（人との関わりに慣れる）訓練」を受けているようです。ときどき疲れると漏らしていました。彼女を突き動かしているものが何なのかは分かりませんが、必死に勉強しているようでした。最近は姿を見せていないので、気になってもいます。

人がその国その土地で生活していくためには仕事上のスキルは当然のことですが、それ以上に必要なものはコミュニケーション手段としての言語。そして、その可否はその後の生活を大きく変えることを実感しました。また、学ぶ理由は人それぞれ違っていても、新しい一歩を踏み出そうとする意欲や姿勢はみなさん同じです。この教室が必要とされる理由も少し分かった気がしました。

「私、勉強できたら変わるのかな？」の想い

この教室では、いろいろな人と出会いますが、日本人のＩ子（仮名）さんもその一人です。彼女は二十四歳。小学校、中学校は不登校のいわゆる「形式卒業生」です。彼女は二〇一五年六月にこの教室の扉をたたきました。そのきっかけとなったのは、「私、勉強できたら変わるのかな？」と

の漠然とした想いからでした。彼女の心に芽生えたこの気持ちが、川口自主夜間中学代表の金子さんに震えながら電話を掛けさせたのです。

いつもの先生が不在の日があり、その日は一人で勉強をしているようでした。「何を勉強しているの？」と声を掛けたのがきっかけで、たまに算数（四則演算）を一緒にやるようになりました。「九九の百マス問題」に取り組みながら、ふと鉛筆が止まるのです。天井を見上げたり、指を折ったりと落ち着かない様子です。「九九は苦手かい？」と尋ねると、ぺこんと頭を下げるのです。何となく警戒しているようでした。少しずつ仲良くなる中で、彼女は自分の生い立ちを話してくれました。

『和歌山県で育ちました。私の性格は、気が弱く生真面目なのだと思います。そのためか、最初の幼稚園で初めてつらい思いをしました。この幼稚園は勉強や習い事に力を入れる園風で、先生方も厳しく馴染めなかったです。途中から別の自由な園風の幼稚園に移り、地元小学校に入学後は一年の夏休みまで楽しく過ごしました。

小学校一年の二学期に埼玉の小学校に転校しました。今度の学校は今までとは別世界のような学校でした。田舎の学校でのんびり過ごした私にとって、今までよりもずっと先まで勉強が進んでいたし、その後も進度が速くてついていけませんでした。その上、友だちといえる友だちもまだいませんでした。担任の先生は独善的で嫌いなタイプの先生でしたが、何度か欠席をしながらも二年生まで通いました。

三年生になると、担任の先生は若い女の先生になりました。クラスの子どもに舐められないように、高圧的な態度の先生でした。クラスのみんなも先生を嫌っていたようですが、私はどうしても学校に行きたくない気持ちになり、そこから不登校が始まりました。

両親は、私が学校に行きたくないことを知り驚いた様子でしたが、言いたいことを我慢していたようでした。担任の先生がときどき家に来ても私は会いませんでした。私は極力学校の事を考えないようにと、インターネットのサイトにのめり込んで昼夜が逆転した生活になっていました。そのため、両親が仕事に出かけてから起床する状態が続きました。不登校は五年生まで続き、少しずつ「まずいな」と思うようになっていた時のことです。六年になって母親が学校に書類を届けることがあって、私に「一緒に行く？」と聞いた時、「保健室なら行ける」と思ったのでした。それから「保健室登校」が始まりました。保健室には、いじめや先生嫌いを理由に三人の子がいました。その子たちとは仲良くできたし、養護の先生は優しくて私たちを理解してくれる先生でした。

私は何とか中学校に進んだのですが、入学式は参加できても教室には入れず、母親と一緒に帰ってしまいました。帰り道で母親が「大丈夫？」と聞いてきたときには、「やっぱり通えない」と言うのが精一杯で涙が溢れてきました。その後、何回か学校には行きましたが、ずっと不登校でした。

中学を「卒業」して、通信制の高校（毎日通う高校）に入りました。この学校はとても気に入りました。私のことを誰も知らないし、同じような訳ありの人も多くいました。服装も自由だったし、先生方もいろいろ心配してくれる学校でした。何とか授業にもついて行くことができ無事卒業しました。

卒業後は、親戚の人が運営する塾の「職業訓練コース」に通い、その後アルバイトで仕事もしました。ただ、仕事はむずかしくはなくても、圧迫感があってつらかったです。当時、友だちとの間で「割り勘にしよう」と言われても計算がなかなかできなかったし、人前で文字を書く場合なども何か負い目を感じていました。そんな時のことです。漠然と「私、勉強ができたら変われるのかな？」と思うようになりました。

この教室のことは、ＮＨＫのニュースで知りました。「勉強したい人は入れます！」と。私も入れるのかなと、おそるおそる代表の金子さんに電話をしました。この時は声が震えるほど緊張しました。ところが金子さんは、「いいよ、おいで」と優しい声でした。私は学校の先生はこわい人ばかりと思っていたので、「ここなら行けるかも？」と安心しました。

今、私はこの教室で勉強をしています。以前ならむずかしくて諦めていた掛け算や割り算も、今は「意外とできるんだ」と思えるようになりました。両親は「何でそんなに勉強ができる（する）の？」と驚いています。現在では、いろいろと両親に心配や迷惑をかけたなと思っています。以前、つらい思いをしたからか、人に優しくなったのかも知れません。将来、私と同じような人に何か協力できないかなと思うことがあります。』

話しの途中で、ときどき当時を思い出しては言葉が詰まるのです。私も彼女の話に聞き入っていました。私は、涙ぐんだり、自分を卑下して笑ったりしながら話す彼女を見ながら、「未来に向けて、一歩を踏み出している」のだと感じました。

行政の対応を注視する大きな取り組みが必要

現在、国会では「各県に一校以上の公立夜間中学を作る」という法案を議員立法の形で提案する機運が高まっています。そうした中で、埼玉に夜間中学を作る会（作る会）と川口自主夜間中学が、埼玉の県教委・市教委と懇談する機会がありました。県知事は議会で「国の動きは承知している。後れを取らないように万全な調査準備をするよう指示している」といいます。ところが、県・市の現場サイドの姿勢は、懇談会での発言を見る限りとても歯がゆいものがあります。

たとえば、県に「未設置県に対する研究調査費の申請を国にしたか」と尋ねれば、「国に頼らなくともできると考え申請をしなかった」との返事です。また、「いざ設置するにしても、市が手を挙げてくれなくては県として動けないのが実情」と何とも無責任な対応です。市にしても「仮に国が決めても、運用上の問題も多い。予算もそうですが、どこの市がやるのか。必ず利用者が来るのか。それらを検討するとなればすぐには設置できないものと考えている」と県同様の対応です。「国が動いてから。県が動いてから。」と、責任のなすり合いになっているのが現状です。

首都圏の中で唯一公立の夜間中学がないのは埼玉県だけです。そのために多くの人が、東京に住所を移して通ったり、通えないと諦めてしまったりしているそうです。学びたい人を真に支えてこその教育行政です。互いが顔を見合わせて「誰かがやってくれる」と待ちの対応では、学びたい人を見捨てているようなものです。「作る会」の運動と、学びたい人を支えて開校した「川口自主夜間中学」は、ともに二〇一五年で三十年目を迎えました。あまりにも長いこの歳月は、「よくがんばった三十年」ではなく、「がんばらざるを得なかった三十年」だと思います。学びたい人の学び舎として「公立夜間中学の設立」と「川口自主夜間中学の一層の充実」を求め、行政の速やかな対応を注視する大きな取り組みが大切だと感じています。

川口自主夜間中学への道

小向 恒明

川口自主夜間中学の予定が載っている「ポコ・ア・ポコ」（毎月発行機関紙）には、自主夜間に参加している生徒やスタッフの書いた記事が掲載されています。

二〇一四年八月号には、通っている諸外国の生徒・学生に向けて、箸の話やその文化の伝承について書かれており、同じ年の十一月号には、自転車で川口自主夜間中学に通っているスタッフの自転車についてや、通いの途中の様子が書かれています。

さらに二〇一五年八月号には、川口自主夜間中学で学んだこと、本人の学力のこと、学校での学習遅延、遅滞などの紹介や行政に対する要望を述べています。

このように多くの生徒やスタッフが共に学びあう場を、私がどのようにして見つけたのかに触れてみることにします。

私の場合は通っている学生諸君と同様に教科を学びたい、さらに深めたいという動機は同じでしたが、この場にたどり着くまでには大変な時間を費やしました。

高校卒業後会社に就職しました。卒業時には、英語は中学二年程度で、就職後もさらに高めたいと思っていました。仕事が多忙でそれは困難でした。幸い三十代初めに時間的に余裕のある仕事につけたことで、英語能力を高めたいという動機が再び湧いてきましたので学校の教科書を購入したり、ＮＨＫ教育テレビを視聴したりして努力したのですが、自分ひとりでは十分に理解や能力を向上させることができなくて悩み続けました。

そのような事態を克服するために以下のような努力をしてみました。

通信制高校への再入学では、教科が限定され、教科理解のための基礎や予習復習での時間が要請され、また費用がかさむことから断念しました。

対面式の学習指導形式をとる民間の学習塾や教室を考えましたが、年齢的な面などでこちらの方もあきらめざるをえませんでした。

足立区の広報で足立区立夜間中学の情報を得て、そこに参観に行きました。若い人や外国子女が通学していて大変活気があったのですが、私のような中学卒業者は許可されないことを知りました。

松戸市の広報で「基礎学力再履修講座」を見つけ、中学の三教科（英数国）が週二回開催されていましたので予約しました。予約したコース（中学二年英語）には、同年代の学生が多くいて私と同じように能力を高めたいという人々もいることを知りました。しかし私は受講の居住条件（松戸市在住に限る）を満たしていないために拒否されました。

松戸市である会に参加した際に川口自主夜間中学のパンフレットが掲示されていました。その詳細を職員の方に聞くと、川口自主夜間中学の金子代表に連絡するように勧められました。金子代表に連絡後早速代表からパンフレットが送付されてきました。川口市は居住地からも近いのですぐに教室を訪ねて承諾を受けました。ついに私の永年の願望が充たされる場を見つけたのです。

Time and tide wait for no man（歳月人を待たず）を感じる年になりましたが、教室の生徒諸君とスタッフと共に私の永年の夢を叶えることにしたいと思います。幸い一生懸命に学習している教室の生徒諸君の姿を見て，ますます意欲が湧いてきますし、スタッフが私の夢を実現できるような教材等を準備し、教示し、共に考えていただけるので、さらに意欲が倍増してきます。

註（スタッフ大西文行と清水一弥による聞き書き）

夜間中学の誕生と移り変わり

野川義秋

夜間中学との出会い

巻頭の詩でも触れたが、私が夜間中学と出会ったのは大学四年の時に卒業論文のテーマに取り上げたことだった。東京都の土木技術職員として働くかたわら、夜間大学で社会学を学びながら教職課程も履修していた。そのようなこともあって、卒業論文は教育の問題を取り上げて書きたいという思いがあり、新聞や教育雑誌などで知っていた夜間中学について書くことに決めたのだった。ただ、夜間中学について関心はあっても知っている程度でしかなかったから、もっと詳しく知るために取り上げてみようというのが正直な気持ちだった。そこで、まず手始めに、当時全国にあった二十八校を訪問するところから出発したのである。二十七歳の時だった。

第二次世界大戦が終わって三年後の昭和二十三年、私は鹿児島の山間の農家の六人兄弟の三番目として生まれた。一番上の兄とは一回り、二番目の兄とは八歳離れている。その理由は、二人の兄と私は異父兄弟だったからである。兄たちの父親は、陸軍の兵隊としてニューギニアの戦地に赴き、マラリアにかかって現地で亡くなった。すぐ下の弟も海軍の兵隊として同じニューギニアへ赴いたが、敗戦後の捕虜生活を経て復員してきた。女手一つで二人の子どもを育てていくことへ親族の配慮などもあり、後見人として野川家へ来たのである。その意味では、私も戦争の申し子といっていいのかも知れない。

我が家は、家族八人が食べていくだけの田畑もなく、炭焼きや子牛を育てて競り市に出すなどして現金収入を得るという生活だった。一番上の兄は、中学卒業と同時に養鶏場を営む大きな農家に住み込みで働くようになった。私は子ども心に、大阪や東京という都会へ出て自立していく道しかないと思いながら成長した。これには、そのことを口すっぱく言っていた母のことばが、多分に影響していることは間違いなかった。

昭和四十二年四月、十八歳で高校を卒業すると同時に上京した。東京都の職員としての出発、それは「年季奉公」の始まりでもあった。四歳年下の弟が高校を卒業するまで仕送りを続けることが義務づけられていたからである。日本が急激に経済成長していくこの時期に、私が『金の卵』として集団就職列車に乗らなかったのは、兄たちの仕送りに支えられたからだった。他人からお金を借りるのではなく、貧しさから抜け出すには家族同士で補い合う、それしかないとの考えが父や母にはあった。

両親との約束どおり四年間、毎月の仕送りを続けた。長い間ありがとうという手紙を父からもらい、「年季奉公」が明けた私の頭の中には「これから自分の人生が始まる」、そんな思いがよぎった。以前から密かに抱いていた大学に行く準備を始め、それから二年後にやっと念願がかなったのだった。

話を元に戻そう。昭和五十一年の四月二十六日に葛飾区立双葉中学校の夜間学級をふり出しに訪問を開始した。翌日、墨田区立曳舟中学校（当時）、そして三十日に江戸川区立小松川第二中学校を訪問し、ゴールデンウィークは関西方面に移った。枚方市に住む二番目の兄の家を根城にしての訪問開始である。五月三日の初日は、大阪府と大阪市の教育委員会を訪ねた後、大阪市立文の里中学校と天王寺中学校へと精力的に活動している。当時つけていた日記の、二校のところを読み返してみることにする。

――（途中略）――

大阪市教委からまっすぐ大阪市立文の里中へ向かい河野先生を訪ねた。午後五時十分頃着いたが、会議があるとかで六時頃まで待つことにした。その間に、文の里中の夜間中学生の共同作品であるチマ・チョゴリを着た「オモニ」の像を見せてもらった。この「オモニ」の像については、今まで月刊「望星」や「解放教育」そして「解放新聞」などで知ってはいた。でも「やさしい顔」「ごつくて太い手」のそれは、写真で見る以上に実感があった。

朝鮮の民族衣装を着て、髪を結っている像は昼間の生徒の目にはいったいどのように写るのであろうか。それが知りたかった。

河野先生は、私が市教委で岩崎先生にお会いしたことを告げると「ああ、それなら大方のことは説明してもらえたでしょう」と言われた。行政の立場と教育現場との意思の疎通が密であるからこその発言であろうし、夜間中学に対する積極的な姿勢の表出であろうと痛感した。突然の訪問だったので、あまり長い時間お話をすることはできなかったが、三月にできた文集と夜間中学を育てる会の記録「キケ人や」を頂いた。

まだ時間的に余裕もあったし、市立天王寺中は文の里中から歩いて十五分位とのことだったので、思いきって足をのばすことにした。

天王寺中では西田先生にお話を伺った。岩崎先生や河野先生に伺ったような一般論ではあったが、五十年度の全夜中研大会の時に提出されたというレジュメ「基礎学級の実態と問題点」と文集を頂いた。

天王寺中では、思いがけないことに出くわした。それは、私が常々ほしいと思っていた荒川九中OBの高野雅夫氏が書かれた「ルンプロ元年（자립）」を「分けてやってもよい」と言う岩井先生と会えたことである。四、〇〇〇円という出費は大きかったがほんとうにうれしかった。また、岩井先生とは長い時間話してもらえた。今日の教育状況全体からみた時の夜間中学の存在、あるいは教育労働者の置かれた状況まで立入って話していただいたことは、非常に意義が大きかった。

この日は実に意義と成果の多い日であった。自分の足で調査活動を行なったそのなかから、得るべきものを得た時の喜びをとくと味わったそんな日であった。それと、今日はとうとう予期していた言葉に出会った日でもあったという意味で、決して忘れられない日となりそうである。

「あなたがどんなに一生懸命がんばっても、それは大学を卒業するための手段でしかないもんね」

これは岩井先生の言葉である。私はドキッとした。「ああ、とうとう言われるべきことを言われた」そう考えるよりほかに考えようがなかった。卒論という第一次的手段のうえに、夜間中学の存在に力と成り得る第二次的な何かがいったいうまれるのだろうか。いやその可能性が、私の卒業論文研究という作業のなかに果たしてあるのか否か。今の私にはわからない。

註（東洋文学社会学部第Ⅱ部・昭和五十一年度卒業論文「夜間中学」―戦後教育体制下における夜間中学の存在と国民の教育権―の、資料編「夜間中学訪問日誌」より）

このようにして夜間中学の訪問を続け、七月十二日から職場の方は年次休暇をもらって二度目の関西方面の調査活動に入った。大阪の堺市立殿馬場中学校や岸和田市立岸城中学校、さらには、兵庫県の神戸市立兵庫中学校北分校と丸山中学校西野分校などを回った。そして七月十七日の最後の日に広島市立観音中学校と二葉中学校を訪問して全日程を終了した。

この調査活動によって、当時二十八校あった夜間中学の二十五校を訪問したことになる。行かなかったのはいずれも神奈川県横浜市内の三校で、専任の先生が配置されておらず、昼間の先生が「居残り」で教えるという実態が共通していたので、訪問を平楽中学校（当時）と鶴見中学校（当時）のみにしたのだった。

このようにして夜間中学を訪問して、各夜間中学校でいただいた文集を読んだり、生徒たちから直接話を聞いたりしていくに従って、私はそれまでの自分の考えがいかに甘く浅はかだったかということに気づかされることになる。寒村の貧しい農家に生まれて、苦労を背負わされた不幸な人間と思い込んでいた。ところが、差別や貧困というすさまじい現実を突きつけられ、生死をかけた生きざまを背負いながらも、それでもくじけることなく必死に生き抜いてきた人たちがいることを知って、私自身の苦労など比較にもならないことを悟らされたのであった。

大学の教官からは大幅な書き直しも指導されたりしたが、『夜間中学―戦後教育体制下における夜間中学の存在と国民の教育権』の卒業論文を書きあげた。その中には『夜間中学の歴史』についても章を設けていた。その部分に加筆・訂正を加えて、もう一度、日本における夜間中学の歩みをたどってみたいと思う。

夜間中学の誕生

現在、一般的に使われている夜間中学ということばは、通称であって正式なことばではない。夜間中学は学校教育法にも明言化されていないので、夜間中学の開設当初は、文部省では「夜間に授業を行なう学級をもつ中学校」註（塚原雄太編「私は口をきかない」田畑書店）と呼んでいた。従って、今日でもその呼び方は様々であり、○○中学校夜間学級・○○夜間中学校・○○中学校○○分校などの名称が使われているが、今日の一般的傾向としては、夜間中学という通称名で呼ばれているのが実情である。

第二次世界大戦後の我が国の教育は、新しく定めた日本国憲法の第二十六条『すべての国民は法律の定めるところにより、その能力に応じてひとしく教育を受ける権利を有する。すべての国民は、法律の定めるところにより、その保護する子女に普通教育を受けさせる義務を負う。義務教育は、これを無償とする』の理念にそって教育基本法と学校教育法を定め、昭和二十二年四月、六・三・三・四教育体制のもとにスタートをきった。

しかし、敗戦後という社会的混乱期であり、食糧事情の悪さなども手伝って、九年間という義務教育は国民の中に簡単には浸透していかなかった。

小学校さえ卒業すれば、あとは学問よりも手に職をつけさせた方が本人のためであると判断する親や、「子女には学問はいらんとか、どうせ百姓に嫁ぐなら、勉強などせん方がいいとかいわれ、小学校もろくろく通わせてもらえなかった。」註（大阪市立天王寺中学校夜間学級文集『わだち』第七号の作文より）などに代表されるように、子女教育に対する正しい認識が確立していなかった。さらには、せっかく入学しても、差別や貧困などによって教育から疎外されたりして、膨大な長期欠席生徒を生み出すに至るのである。

長期欠席生徒の実態を把握する確かな資料はないが、昭和二十四年に青少年問題協議会が長欠児童の全国調査を行なっている。これは戦後最初のものである。

この調査では、東京都と高知県が未集計に終わっているが、「年間三十日以上休んだ児童生徒は、小学校三九七，三八九人、中学校三三八，二七一人、合計七三五，六六〇人にものぼった。東京・高知を加えれば、ゆうに百万人を突破したろう」註（深沢一夫「学校なんか知るもんか」東邦出版社）と言われている。

このような憂えるべき教育状況が全国調査によって判明する以前に、いち早く長期欠席生徒救済に着手したのが大阪市立生野第二中学校（現勝山中学校）であった。それは驚くべく、教育制度の大改革をめざして六・三制義務教育が施行された年と同じ（昭和二十二年十月）であった。この生野第二中学校の夜間教育は、「夕間学級」といわれ、毎週月曜日と木曜日の二回開講されたのである。

この長期欠席児童救済の「夕間学級」は、昭和二十四年に大阪市立玉津中学校にも設置された。

開設当時の校長古川清作氏は次のように報告している。「昭和二十四年度はじめ、在籍生徒の十三%に相当する一二二名の長欠生徒について、約四ヶ月にわたり徹底的な調査をおこなった。それによると長欠生の八十八%は家計困難なるため、ある者は工場で働き、日雇労働に服し、あるいは働く家族のために留守番、子守等をやり、勉学の意思をもちつつその機会が与えられていないということが判明した。旺盛な学習意欲をもつこれら貧困生徒に多少でも学力をつけてやりたいという教育愛は、法規の線を越えて、夜間の補習授業を開始することに決定した。」註（夜間中学を育てる会の記録「キケ人や」より）

しかし、この夕間学級も生野第二中学校が昭和二十五年七月に、玉津中学校が昭和二十七年四月に「生徒に学齢超過者が多くなり、長欠生救済の目的が薄れたため」との、理由にならない理由で打ち切られている。

以上のような週二回という変則的な補習授業ではなく、週六日間本格的に夜間授業を行なう中学校が昭和二十四年十月に誕生した。それが今日まで夜間中学校第一号と言われている神戸市立駒ヶ林中学校である。これをきっかけにして都市部を中心に続々と夜間中学が誕生した。

昭和二十八年には全国で七十一校、生徒三、〇〇〇人・註（塚原雄太編・前掲書）に達し、ピークと言われた昭和三十年には全国で八十七校、生徒五、二〇八人に達するに至ったのである。

夜間中学開設の理由

夜間中学はどのような動機あるいは理由によって開設されたのか。荒川区立第九中学校二部のOBの高野雅夫氏は、そのことについて全国的な調査を行なっており、その結果が私の『訪問日記』のところでも出てくる「ルンプロ元年」に収録されている。

それによると、差別・貧困・親の無理解・敗戦後の混乱状況が教育の機会均等を奪い、教育を受ける権利を奪っていったその救済として夜間中学は発足したことが明らかになっている。

夜間中学開設における特徴的な理由として、「被差別部落の児童に対する教育保障」というのをあげる学校が多いことである。高野雅夫氏の調査した七十四校中回答のあった五十九校の中で「被差別部落の教育権保障」というふうに明示されているものでさえ八校もあった。無回答校が十五校もあるので実際にはもっと多かったと思われる。

昭和二十五年一月十六日に開設された神戸市立丸山中学校夜間学級を、私は昭和五十一年の五月七日に訪問しているが、ここは被差別部落内の幼稚園に併設されていた。調査ではこの学校も「貧困による長欠生や不就学生を救済するための学級」として開設されているが、根強い部落差別によって、教育から疎外されて教育の機会均等を奪われていくという悪循環的差別実態のなかでとられた救済措置だったのである。

「夜学の歴史」を書いた小塚三郎氏の調査結果によれば、昭和二十六年四月から十月までの不就学ならびに長期欠席者数は、在籍生徒数の三十二％にあたる一五六、五六三名であり夜間学級はその約一・四％の約三、〇〇〇人を救っていたとなっている。そして同氏はさらに、調査結果中七十三％が家庭の貧困を理由とし、十％程度の生徒は家庭の無理解によって昼間の通学を拒否されていたとして、次のように結果をまとめている。

『保護者の教育的関心度に注目して調査した結果』
（イ）できるだけ昼間の学級に通わせたいと思っている。…五十六・八％
（ロ）中学校は夜間だけでよいと考えている。…十九・八％
（ハ）夜間学級への通学さえやめさせたいと考えている。…三・三％
（ニ）なんとも考えていない。…十一・六％
（ホ）その他…四・二％
註（この結果は、生徒の目を通して見た保護者の教育的関心度である）

「この調査結果から言えば、子女の教育を考えない無理解な保護者がかなり多いことになる。子女にとってはまさしくそのように見えたのであろうが、己が子の幸福を願わないような親はごくまれなのであるから、義務制となった中学校教育を受けさせないでいいと本心から思う保護者はいなかったはずで、普通の家庭の子と同じように通学させてやりたいと心に思いながらも、経済的に苦しくどうにもならなかったためと解釈するべきである。『夜間学級の通学さえやめさせたいと考えている』といえば、全く無理解な保護者と思わざるをえないのであるが、じつは、通学のための交通費が苦しかったからである。夜間学級はどこの中学校にも開設されたわけではなかったのであるから、かなりに遠距離な所まで通学させなければならない場合もあり、その為の交通費は苦しい家計をいっそう苦しいものにしたからである。」註（小塚三郎「夜学の歴史」東洋館出版社）

以上のように、高野雅夫氏と小塚三郎氏の調査結果は、夜間中学開設における複雑多様性と混迷の様相を如実に示していると言える。

足立区立第四中学校に夜間学級開設

関東においては、横浜市に昭和二十五年に八校の夜間中学が誕生した。それから遅れること一年、七月十六日に足立区立第四中学校（伊藤泰治校長―故人―）に夜間学級が開設された。

当時、文部省主催の教育指導者講習（ＩＦＥＬ）の委員長をしておられた伊藤氏は、不就学児童生徒の問題についての討論のなかで、その原因は六・三制発足以来の為政者の啓蒙・社会人特に親達の無理解等であるが、根本的には戦後経済の窮乏・生活苦があげられ、その救済のための社会保障の問題に帰することを痛感され、足立区は都内でも最も貧しい地域であり、荒川方水路に架かる西新井橋を過ぎると二〇〇〇世帯のスラム街があることから、足立区の不就学児童は少なくないと考えて、実態調査を行なうなか、神戸市立駒ヶ林中学校を訪問されるなど非常な熱意をもって努力され、開設を決意されたのである。註（上田喜三郎論文「夜間中学の歴史」・国土社『教育』一九七一年三月号）（塚原雄太編・前掲書）しかし、学校教育法の施行監督に当たっている文部省が、

・夜間中学は、学校教育法に認められていない。
・夜間中学は労働基準法違反に通ずる。
・夜間中学を認めることは、生活保護法、学校教育法によって課せられている国・地方公共団体及び保護者の学齢生徒の正当な教育を受ける権利を無視し、保護すべき義務を怠ることを正当づけることになる。
・夜間中学は生徒の健康を蝕む。
・夜間中学は、中学校各科にわたって満足な学習ができない。註（上田喜三郎論文・前掲書）

という理由のもとに反対の意向であったため、東京都教育委員会は左記のような条件付きで認可した。

・暫定的な試案として運営し恒久的制度とすることは望ましくない。
・運営については常時教育庁に連絡して指導を受けること。
・その中学校の二部授業として取り扱うこと。
・名称は特別に用いないこと。
・入学者の身元その他の調査は教育庁に報告すること。
・生徒の保健衛生に注意すること。
・その他の運営については諸法令に違反しないようにすること。註（塚原雄太編・前掲書）

以上のような確約のもとに、足立区立第四中学校が誕生したのである。

未解決のままの相次ぐ閉鎖

昭和三十年には八十七校、生徒数推定五、二〇八人に達した夜間中学も、それ以後は減少の一途をたどる。

世田谷区立新星中学校第二部の教師である上田喜三郎氏は、閉鎖の理由として管轄教委が上げたもののの主なものとして、次の二つをあげている。

・夜間中学の在籍生徒数の減少。
・経済状態の好転による長欠者の減少。

そして、さらに同氏によるとこれらは表向きのものであって、実際の理由として夜間中学を閉鎖に至らしめたものとして、次の点をあげている。

・文部省から望ましくないものとして扱われる夜間中学を、管轄教委が邪魔物扱いし閉鎖方針をとったこと。
・学校長、あるいは教師に夜間中学の存在意識についての理解と認識が足りないこと。註（上田喜

三郎論文・前掲書）

確かに、文部省の昭和四十一年度の調査結果による「長期欠席者数」（文部省調査局「日本の教育統計」）を見ればわかるとおり、長欠児童（毎年五十日以上欠席した児童生徒）は、減りこそすれ全くなくなったわけではない。例えば昭和三十一年度の段階で、中学校だけでさえも一二九，二八五人が長欠児童として存在していたのである。そしてまた、小学校の長欠児童がその後復学して、義務教育を修了したという確証はない。さらには前述した小塚三郎氏の調査結果で明らかなように、昭和二十六年四月から十月の長期欠席者の夜間学級による救済率は、約一．四％となっていることからも、夜間学級で救済されなかった義務教育未修了者が学齢超過者として社会に放り出されていたことを実証している。

夜間中学の相次ぐ閉鎖は、一人の落ちこぼれも出してはならない基本的人権としての教育を受ける権利が奪われていくことに拍車をかけ続けることになった。

行政管理庁の夜間中学廃止勧告

このような夜間中学の急ピッチの閉鎖状況に追い打ちをかけるごとく、昭和四十一年十一月二十九日「年少労働者に関する行政監察」として、行政管理庁の行政管理局より文部省に対して「夜間中学廃止勧告」が出された。この勧告文と文部省の回答要旨は以下のとおりである。

勧告文（行政管理庁）「家庭が貧困などのため、昼間就労して夜間通学している。いわゆる『夜間中学校』については、学校教育法では認められておらず、また、義務教育のたてまえからこれを認めることは適当でないので、これらの学校に通学している生徒に対し、福祉事務所など関係機関との連けいを密にして保護措置を適切に行ない、なるべく早くこれを廃止するよう指導すること」

註（高野雅夫「ルンプロ元年・자립」ミネオ印刷）

回答要旨（文部省）「学齢者の夜間中学校入学については、義務教育の性格上好ましくないので、文部省としても、厚生省労働省との協力のもとに、就学奨励のための施策の充実等、夜間中学校に入学しなければならない環境そのものをなくすよう努めており、まだ、各都道府県においても長欠対策という面からその解消を図っている。

それらの効果として、現に学齢者の夜間中学校入学者は数は漸減させているが、今後も実態の把握に努めるとともに、就学奨励のための施策の充実に努力したい。（昭和四十二年九月十八日）」

註（高野雅夫・前掲書）

東京都夜間中学校研究会作成（昭和四十九年十二月十四日）の資料によると、昭和三十年のピークから昭和三十六年頃までに急激な減り方を示している。そして、昭和三十六年から四十年までの間に七校が閉鎖され、廃止勧告が出た昭和四十一年になると横浜の高野中や北野中のように吸収合併傾向もあらわれている。

この昭和四十一年から四十五年までの間に、実に十五校が閉鎖されるに至っている。このことからも行政管理庁の勧告が夜間中学の閉鎖に追い打ちをかけたことが明らかである。

夜間中学廃止反対から設置運動へ

この「行政管理庁の夜間中学早期廃止勧告」に『反抗』して「夜間中学廃止反対」をさけび、自主制作の映画フィルム『夜間中学生』をかついで全国行脚したのが、荒川九中夜間部OBの高野雅夫氏である。彼は、「法律がどうであれ、生きる権利が学ぶ権利が優先する。学びたいという人間の権利を奪う権利は誰にもない」と主張し続け、「すべての人達に完全な義務教育を！　夜間中学廃止反対！　全国に百二十万以上の義務教育未修了者が放置されている！」註（高野雅夫・前掲書）とのスローガンのもとに、夜間中学設置運動に全力を傾けた。

地道な運動が実ってついに昭和四十四年六月五日、大阪市立天王寺中学校に夜間学級が開設されたのである。「文字をよこせとは空気をよこせということだ」と叫び続けた高野氏の運動が、どれだけ社会を告発するものであったか。

この天王寺中学校夜間学級を皮切りに、近畿地方には次々と夜間中学が誕生した。昭和四十五年四月に大阪市立菅南中学校、昭和四十七年四月に八尾市立八尾中学校、東大阪市立長栄中学校、堺市立殿馬場中学校、昭和四十八年四月に大阪市立文の里中学校、守口市立第三中学校、そして昭和五十一年四月に神戸市立兵庫中学校北分校、尼崎市立城内中学校琴城分校、同年十月には大阪市立昭和中学校にそれぞれ設置を見たのであった。

自主夜間中学の開設

これまで述べてきたような、市区町村の教育行政施策の中で開設される公立中学校の夜間学級に対して、教師や元教師・会社員・主婦・学生といった人たちの、ボランティアによって支えられながら開設されている自主夜間中学がある。

我が国に初めて自主夜間中学が誕生したのは、昭和五十一年で、奈良県奈良市の「うどん学校」とされている。この自主夜間中学が開設されたきっかけは、前の年の昭和五十年十一月、大阪府教育委員会が他府県に住む人は、府下の夜間中学には入学できないというシャットアウト方針を打ち出したことによる。その理由は、高度経済成長から低成長へと急降下する経済変動による地方財政のひっ迫だった。その当時、大阪府には九校の公立中学校夜間学級があり、年間の総経費は約四億円と言われ、切り詰め策として府外に住む生徒の締め出しを計ったのである。

この事態に対する取り組みはすぐに起こった。昭和五十一年六月に「奈良に夜間中学をつくる会」が設立され、九月からは夜間中学の増設をめざす目的で奈良市の正強高校内で自主夜間中学がスタートした。この会の事務局長を務めたのが、奈良市在住で天王寺中学校夜間学級の教師の岩井好子さんであった。夜食にうどんを用意するようになったことから「うどん学校」と名付けられた。この教室のことは、岩井さんの実弟にあたる盛善吉監督制作の「うどん学校」というタイトルの映画となって、現在でも上映され続けている。自主夜間中学第一号と言われるこの「うどん学校」と同じ年の十月、神奈川県川崎市でも奈良と同じように「川崎に夜間中学を作る会」により

「川崎自主夜間中学」が始まった。

「うどん学校」は、開設から二年後の昭和五十三年四月の奈良市立春日中学校夜間学級の開設につながり、「川崎自主夜間中学」は六年後の昭和五十七年五月の、川崎市立西中原中学校の夜間学級の開設につながっていった。

夜間中学をめぐる新たな動き

昭和五十年代のこの時期は、夜間中学運動のぼっ興期と位置付けることができるのではないか。前述した二つ以外を列記すると次のようになる。

・昭和五十三年　千葉県市川市で「市川・教育を考える会」結成
・昭和五十三年「京都・山城に夜間中学を作る会」が発足し、十二月から自主夜間中学を開始
・昭和五十四年「松戸・教育を考える会」結成
・昭和五十七年「江東区に夜間中学をつくる会」によって、五月から「江東自主夜間中学」を開始
・昭和五十八年「松戸市に夜間中学校をつくる市民の会」が発足し、八月から「松戸自主夜間中学校」がスタート

千葉県の「市川・教育を考える会」は自主夜間中学開設のステップを踏んではいないが、その活動は、昭和五十七年四月に開設した千葉県初の市川市立大洲中学校夜間学級の誕生に大きな役割を果たした。この会の代表を務めた松崎運之助氏は、東京の江戸川区立小松川第二中学校夜間学級の教師だった。

この松崎氏が中心となって始まったのが、「夜間中学増設運動全国交流集会」である。第一回目の開催は、川崎市立西中原中学校や市川市立大洲中学校に夜間学級ができた昭和五十七年八月で、会場は静岡県の浜松だった。

それまでの夜間中学の活動は、全国各地で個別に細々と取りくまれていた。そこで、日本列島のほぼ真ん中に位置する浜松周辺で集まり、運動の成果や課題・問題などを持ち寄って共有していこうではないかという目的で始まった。

「公立」「自主」と問わず、生徒や教師・スタッフが年に一度一堂に会するこの集まりは、公立夜間中学教師の組織である全国夜間中学校研究会と同じように、全国の夜間中学運動の活動をつなぐ基盤としての役割を担うようになった。三十四回を数える平成二十七年は、八月二十九日と三十日にかけて愛知県蒲郡市で行なわれた。

埼玉の運動もこのぼっ興期の全国運動の機運を背景として、昭和六十年九月に「埼玉に夜間中学を作る会」が発足し、十二月から「川口自主夜間中学」を開始した。なお、同じ年に法政大学内でも「自主夜間中学」が始まっている。

自主夜間中学の二つの特質

奈良の自主夜間中学「うどん学校」の開校式の時、老田会長は次のように挨拶している。

「本当なら、夜間中学校のメドをつけたかったんですが、残念です。しかし、学びたい人がいる限り授業は続けます。先生は現在のところ一二人おられます。これから月、火、木、金の毎週四日間教えていただきます。何でもいいですから質問して下さい。こんな挨拶になってしまいましたが、国や県があなたたちの教育権を保障しないなら、私たちが力添えします。保障します」

註（川瀬俊治「夜間中学設立運動」―奈良からの報告―たいまつ新書）

このことばのなかには、義務教育によって学びが保障されなかった人は、本来は教育行政が完全に保障すべきであり、しかし、その体制が整うまで暫定的に自主夜間中学で補っていくという決意が込められている。ここに、自主夜間中学を開設しながら、行政に対して設立を求めていく形態の原形がある。いやむしろ、この方式に学ぶ形で各地に自主夜間中学の灯がともっていくようになったと言った方が妥当であろう。

自主夜間中学のぼっ興期にあたる昭和五十年代はほとんどのこの方式だった。しかし北海道から沖縄までと全国に運動が広がっていくうちに、公立夜間中学校の設立はめざさず、学びを求める人たちへの保障に専念する自主夜間中学も誕生するようになっていった。

平成二十七年の「全夜中研・京都大会」の資料の『関係諸グループ一覧』には、二十九校の自主夜間中学が掲載されているが、前者が八校でそのほかの二十一校は後者に分類することができる。

「札幌遠友塾自主夜間中学」のように、出発時は学びの保障を目的としていたが、北海道にも公立の夜間中学が必要であるとの認識から設立をめざすようになった。また逆に、北九州のように学びの保障だけに専念するように変わっていったところもある。個々の背景に踏みこむことはできないが、ここには対行政や運営母体などを含んだ地域実態が反映されての結果であろうと思う。

うどん学校の誕生から四十年の長い歴史のなかで、近年においても、東北の福島県で「福島駅前自主夜間中学」がそれぞれ開設され、関東においても千葉県で我孫子自主夜間中学「あびこプラス・ワン」が、宮城県で「仙台自主夜間中学」が、また神奈川県で「あつぎえんぴつの会」が開かれている。その一方では、栃木県の「栃木」、東京の「中野」・「法政」、大阪の「麦豆」といった自主夜間中学が、様々な理由によって閉校の道をたどっている。

自主夜間中学を取りまく情勢において特筆すべきなのは、文部科学省が平成二十六年五月に実施した「中学校夜間学級等に関する実態調査」と、翌年の平成二十七年五月に発表したその結果である。公立夜間中学校が全国三十一校、生徒数一、八四九人に対して、『自主夜間中学・識字講座等』というくくりで、全国三〇七校、生徒数七、四二二人としている。

公立は義務教育課程を一度終えた人は原則として入学は認めない制約があったが、自主の場合は中学はもとより高校中退や卒業生でも受け入れている。「来るもの拒まず、去るもの追わず」のことばに表れているように、門戸を広くとっていることもこの大きな差に起因している。それはともあれ、「公立」に比べて約四倍近い生徒が「自主」で学んでいるとして、『教育行政の果たすべき役割を手弁当で続けてきた自主夜間中学が担ってきた』と、新聞・雑誌などで大きく報道された。このことが、全国の都道府県にまず一校の夜間中学を！　との国会答弁や、超党派の国会議員による「夜間中学等義務教育拡充議員連盟」の発足、さらには「法制化」の流れの加速につながってきているのである。

法制化という光明と影

『夜間中学校早期廃止勧告』に抗する「夜間中学を作れ」の運動によって増加傾向をたどり始めた公立夜間中学校は、昭和五十一年には二十九校・在籍数二、五五五人となった。それ以降も、昭和五十三年に奈良県奈良市の春日中学校に、その三年後には天理市の福住中学校に夜間学級が開設された。さらには昭和五十七年には、関東の神奈川県の川崎市や千葉県の市川市にも誕生した。

このようにして夜間中学は増えていき、東大阪市立長栄中学校の生徒の増加によって分校として開設されていた太平寺分教室が、平成十三年に独立校化して三十五校となった。このことによって、「公立夜間中学は、全国に三十五校あって、約三、〇〇〇人の生徒が学んでいる」という言い方で十数年推移してきたのである。

そこに、大きな変化が生じたのが平成二十六年四月だった。それは神奈川県横浜市に五校あった夜間中学が一校に統廃合されてしまい、三十五校から一気に三十一校に減少してしまった。これはその前の年の平成二十五年十月十一日に横浜市の教育委員会が定例会で表明した、「夜間学級について、五校を一校に統合することで一定数以上の生徒数を確保し、人員体制の充実を図ります

（以下省略）」という教育委員会基本方針に基づくものだった。「神奈川・横浜の夜間中学を考える会」などの市民グループや「全夜中研」の先生方の反対があったにもかかわらず断行したのだった。

一方、関西の東大阪市においても、平成二十七年六月に教育委員会は生徒教職員に何らの説明もないまま、（仮称）布施中学校（現俊徳中学校と新校舎利用）への統合移転をくつがえして、二年後の長栄中学校夜間学級との合併を打ち出してきたのである。

これに対して、太平寺・長栄の「夜間生徒会」や「近畿夜間中学校生徒連合会」、教職員などが立ち上がり、『旧俊徳中学校敷地内の布施中学校夜間学級開設を要望する』ファックス活動、布施駅前でのビラ配り、市長選挙時の市長・教育委員会への要望書や「公開質問状」の提出といった幅広い運動を展開していった。その結果、「布施中学校に夜間学級を設置する」という当初方針に戻させることができた。しかしまだ決着を見ておらず、予断を許さない状況下にあることに変わりはない。

実はこれ以前にも、夜間中学の存在をおびやかすような事柄が幾つも起きていた。平成二十年には当時の橋下大阪府知事が、就学援助と補食給食の府補助を一割カットして平成二十一年度以降はゼロにする方針を打ちだした。その翌年の平成二十二年には奈良県御所市の教育長が、「夜間中学の役割はほとんど終わっている」との発言を行なう事態も発生している。

驚くのはこれらのいずれもが、「全夜中研」が中心となって平成十五年に日本弁護士連合会に「人権救済申立て」を行い、平成十八年に同会が「学齢期に修学することのできなかった人々の教育を受ける権利の保障に関する意見書」を国の機関に提出したこと。さらには、平成二十六年四月に国会議員の超党派による「夜間中学等義務教育拡充議員連盟」が発足して、その立法チームによる法制化の動きが大きく前進しようとしていることと、時期が同じだということである。

平成二十八年八月二十七日と二十八日は愛知県蒲郡市で、第三十五回夜間中学増設運動全国交流集会が行なわれる。そこにおいても、法制化のことはもとよりこれらの問題や課題が議論されることになろう。ともあれ、こういった夜間中学を取りまく状況を、各地との連携のなかで掌握しながら埼玉の地で取り組んでいきたいと考えている。

付録　埼玉の夜間中学運動三十年の足跡

一九八五年

三　月・第一回「埼玉に夜間中学を作る会・準備会」（学習会）
五　月・東京都荒川区立荒川第九中学校見学
六　月・「作る会・準備会」（義務教育未修了者、長欠者、東京都の夜間中学に通う、埼玉在住の生徒たちの調査資料完成）
八　月・第四回「夜間中学増設運動全国交流集会」（二五、二六日）に参加　＊以後、毎年参加交流
九　月・「埼玉に夜間中学を作る会・発足集会」（参加者一〇〇名）
十二月・「川口自主夜間中学」開設

一九八六年

二　月・川口で集会　県教育委員会交渉、義務教育課長「市町村から（設立）の要望があれば、積極的に対応したい」
五　月・「一万人署名」運動開始
九　月・「作る会・一周年集会」

一九八七年

四　月・自主夜間中学「卒業生」十三人中五人が荒川第九中へ
九　月・県知事・県教育長・川口市長・川口教育長へ署名提出（八千名）「作る会・二周年集会」

一九八八年

四　月・関東地区「合同花見会」（川口）
五　月・上尾の市民集会で、畑知事発言「義務教育未修了者がいることは存じている。市、県と協議して早急に結論を出すように努力する」
九　月・川口市長及び教育長へ要望書を提出
・教育長「県内十一市で話し合いをしている。来年二、三月が結論を出す目処だ。どこかが、作らざるをえないだろう」
・「作る会・三周年集会」

一九八九年

三　月・川口市教育委員会交渉「県への方針は理解しているが、川口が積極的に設置する気がない。しかし自主夜間中学への教材提供については考えたい」
七　月・県教育委員会交渉「県内十一市に対し、新たなお願いの方法を考えたい」
九　月・「作る会・四周年集会」

一九九〇年

十一月・「国際識字年・埼玉集会」「作る会・五周年集会」

一九九一年

一　月・県教育長との会見

三　月・社会科見学『板橋区　四葉の遺跡と区画整理現場』

六　月・一斉授業『私の生まれたアルゼンチン』講師は生徒の西大條さん

十一月・「作る会・六周年集会」

一九九二年

二　月・県教育局との交渉

五　月・川口市教育委員会に「再要望書」提出

七　月・社会科見学『毎日新聞川口工場』

一九九三年

一　月・自主夜間中学『もちつき大会』（大宮の江藤さん宅）＊以後、恒例となる

二　月・「作る会・七周年集会」

五　月・社会科見学　映画『学校』の撮影現場見学（松竹の大船撮影所）

八　月・関東夜間中学連合会、第一回「交流会」に参加

十一月・集まった署名二一、〇五〇人分を県知事・県教育長・川口市長・同市教育長に提出

十二月・県教育長・生涯学習部長と交渉

一九九四年

二　月・「作る会八周年・山田洋次監督講演」及び映画『学校』の上映

三　月・川口自主夜間中学『スケート大会』（大宮スケートセンター）

五　月・ＮＨＫ番組「特報首都圏」で―学ぶ喜びを求めて―と題して放送

七　月・自主夜間中学『キャンプ』二泊三日（安房小湊）

八　月・自主夜間中学『たたら祭り』（川口市主催）に参加

十　月・九周年参加呼びかけと署名（川口駅）＆『ボウリング大会』

・「東京都夜間中学連合体育大会」（小松川第二中学）に参加

・「作る会・九周年集会」（浦和市民会館）

一九九五年

三　月・県教育局市町村教育課との交渉

・一斉授業『阪神・淡路大震災について』

五　月・県教育長に「要望書」提出

六　月・「要望書」に対する回答

七　月・回答に対する「質問書」を県教育長に提出

・川口自主夜間中学『キャンプ』二泊三日

八　月・「質問書」に対する回答

十　月・駅頭宣伝（署名・チラシ配り）署名の数が二五、〇〇〇人を

突破

・「作る会・十周年集会」（川口・リリア）

十二月・県教育長より、「調査着手は困難」との文書回答

一九九六年

二　月・定時制高校見学（県陽高校、浦和第一女子高校、蕨高校）

六　月・十七市町教育委員会に対する「要望書」の回答が出揃う

七　月・記者会見（川口記者クラブ）

・夜間中学入学希望者に、名乗り出てもらう運動への理解と協力要請

・月例「駅頭署名・呼びかけ活動」（浦和駅西口）「新しい運動スタート」

十一月・八十人参加、夜間中学「入学希望調査」独自で開始したことを報告

・「川口自主夜間中学の歌」を発表

・「作る会・十一周年集会」（川口・リリア）

一九九七年

二　月・都内夜間中学の「連合作品展」参加

・川口自主夜間中学『一斉授業』（児童文学者・今関さん）

・課外授業『アルゼンチン恐竜展』見学（群馬県の博物館）

・一月に引き続き「個別ビラ入れ」（川口駅東口周辺）

六　月・県教育委員会・市町村教育課及び川口市教育委員会指導課との交渉

七　月・課外授業『上野動物園』見学

十一月・「作る会・十二周年集会」（川口・リリア）

一九九八年

三　月・川口市教育委員会交渉

五　月・県交渉「市町村教育課」

六　月・「夜間中学ホットライン」（第一回、二回目は十月）

八　月・松戸市に夜間中学を作る市民の会「十五周年集会」県教育局との交渉

十　月・「作る会・十三周年集会」（埼玉労働会館）

十一月・「第二回ベトナム教育基金チャリティー公園」（川口自主夜間中学のベトナム出身生徒が出演）

十二月・河村県議（共産党）が県議会の一般質問で、「夜間中学問題」をとりあげる

一九九九年

一　月・一斉授業『カンボジアの人々の笑顔』（講師―吉田記者）

二　月・「三万人署名提出」（県知事・県教育長・川口市長及び教育長）

・NHKの「首都圏ニュース」で、「署名提出」のことが放送される

・石川一雄さん講演「生いたちを語る」

六　月・自主夜間中学課外授業『上野動物園』見学

七　月・「都夜中研」の先生たち、県と川口市に「要望書」提出
十　月・十月三十一日の集会の件で記者会見（県政記者クラブ）
・河村県議と秦県議を訪問
・川口市の教育委員会との交渉
・「作る会・十四周年集会」（埼玉労働会館）
十二月・自主夜間中学「忘年会・クリスマス」

二〇〇〇年

三　月・「第五回ボランティア大学」（川口市社会福祉協議会）、企画段階から参加
六　月・「川口ボランティアサポートステーションオープン記念」の式典参加
七　月・「ワタシのニッポン　ワタシのガッコウ～川口自主夜間中学の教室から～」テレビ朝日で放送（制作：ドキュメンタリージャパン社）
九　月・「作る会・十五周年集会」参加者一〇〇人、新市「さいたま市」への設立に関する「要望書」採択
十　月・「要望書」を県・浦和・大宮・与野の各教育長と合併協議会の会長に発送
・当麻県議が県議会の一般質問で夜間中学に関して質問

二〇〇一年

三　月・「春の横浜、夜間中学キャンペーン」参加
六　月・さいたま市の相川宗一市長に「要望書」送付
七　月・さいたま市長より「公開質問状」の回答来る。内容は極めて不本意なもの
九　月・自主夜間中学『焼物教室』参加者九名
・「作る会・自主夜間中学、十六周年集会」（埼玉労働会館）
十　月・さいたま市教育委員会の総務課長と交渉
十二月・「江東区に夜間中学を！」『二十年目の願い』（展示と講演会）

二〇〇二年

三　月・県教育委員会及びさいたま市と交渉
・さいたま市臼杵教育長と面談
八　月・スカイパーフェクトTV、ドキュメンタリー番組放送（五月十七日と六月四日、自主夜間中学に取材があったもの）
九　月・「作る会・自主夜間中学、十七周年集会」（埼玉労働会館）

二〇〇三年

二　月・日本弁護士連合会への「申立行動」「記者会見」「報告集会」
・県議会で、河村議員（共産党）が夜間中学に関して一般質問（三回目）
七　月・松戸市に夜間中学をつくる市民の会・第二十一回総会
八　月・県知事選挙「公開質問状」提出

十一月・「作る会・自主夜間中学、十八周年集会」

二〇〇四年

二　月・夜間中学長編記録映画『こんばんは』上映と森康行監督・出演した埼玉出身（三郷市）生徒、三浦隆さんの講演　＊参加者二五〇人

三　月・県知事と教育長へ署名（四万人）提出

七　月・上田知事と話し合い　＊参加者「作る会」から六名と、河村県議が出席

九　月・県政記者室へ「知事との話し合いの報告書」提出

・十七社と河村・秦・当麻県議に提出

十　月・「作る会・自主夜間中学、十九周年集会」（埼玉労働会館）

二〇〇五年

一　月・「作る会・自主夜間中学」の『もちつき大会』（二十周年実行委員会・発足の会）

二　月・県教育局市町村教育課との交渉

五　月・川口市長選挙に「公開質問状」提出

八　月・「二十周年集会」記者会見（県庁内・県政記者室）

二〇〇六年

一　月・NHK『首都圏ネットワーク』で川口自主夜間中学を放送。

二　月・鳩ヶ谷市の名倉市長に夜間中学について訴え

九　月・火曜日の教室が、「本町青少年センター」から、「かわぐち市民パートナーステーション」に移る

十　月・「作る会・自主夜間中学、二十一周年集会」、第二部「小宮純一さん（埼玉新聞記者）教育講演」

十二月・「第五十二回・全国夜間中学校研究大会」の特別報告「人権申立ての取りくみ」で、リレートークに参加。

二〇〇七年

三　月・埼玉県教育局交渉（市町村支援部の学事担当主事のみ出席）

七　月・自主夜間中学社会見学『上野動物園』

八　月・埼玉県教育局との話し合い、市町村支援部の管理官対応

九　月・ドキュメンタリー映画『浦和商業高校定時制』上映と和太鼓の演奏（埼玉会館）

十　月・「作る会・自主夜間中学、二十二周年集会」、第二部「シンポジウム」

頼高蕨市長との夜間中学についての話し合い（第一回）

二〇〇八年

三　月・川口市議会各党派・会派要請行動

六　月・川口自主夜間中学『国会（衆議院）』見学

十　月・「作る会・自主夜間中学、二十三周年集会」、第二部「斎藤貴男氏（ジャーナリスト）講演　日本の教育が向かう方向とは」

十二月・シンポジウム「今なぜ夜間中学なのか」～日本の教育の現状と課題について考える～、日弁連・東京弁護士会他

二〇〇九年

一　月・埼玉県知事と県教育長に、五万人署名（一万人追加）提出

九　月・夜間中学実態調査中間研修会―東京弁護士会人権擁護委員会の取組から

十　月・「作る会・自主夜間中学、二十四周年集会」、第二部「生徒・スタッフによる歌・遊び・踊りなど」

十一月・県市長会と町村長会へ「公立夜間中学校の県内開設に関する要望書」提出

二〇一〇年

一　月・和太鼓集団『響』公演（川口市民ホール・フレンディア）

四　月・関東の自主夜間中学『合同花見会』―埼玉・川口自主夜中担当

・さいたま市教育委員会から、市長との話し合いの要望書に対する回答（公務多忙につき調整不能―実質拒否―）

七　月・全国夜間中学校研究会・研修交流会―「千葉市にも夜間中を！」

八　月・「第二十九回夜間中学増設運動全国交流集会」（静岡県浜松市）

九　月・さいたま市長との夜間中学に関する話し合い

十　月・「作る会・自主夜間中学、二十五周年集会」、第二部「歌や踊り」

二〇一一年

二　月・蕨市長との話し合い（夜間中学の『共同開設方式』の提案）

・記録映画と松元ヒロ爆笑ライブショー

三　月・東日本大震災・大津波、東電福島第一原発事故発生

七　月・川口市教育委員会との話し合い（『共同開設方式』提案）

十　月・「作る会・自主夜間中学、二十六周年集会」、第二部「関本先生（墨田区立文花中）講演」と『共同開設方式』提案

十一月・さいたま市議会議員二名、川口自主夜中見学

・戸田市教育委員会との話し合い

十二月・「第五十七回全夜中研大会」（大阪）、『共同開設方式』ついて報告

二〇一二年

一　月・川口市社会教育課との話し合い（生徒・スタッフ十一人出席）

三　月・さいたま市議会の民主党議員団との話し合い

四　月・関東自主夜中「合同花見会」（江東担当・都立木場公園）、埼

玉から九名参加

五　月・川口市教育委員会社会教育課との話し合い（使用料の件、毎日新聞が取材）

八　月・超党派議員参加・国会院内集会（埼玉から、十名参加）

十　月・「作る会・自主夜間中学、二十七周年集会」、第二部映画上映「笑顔がいちばん」（被災地からのメッセージ）

二〇一三年

一　月・イベント『マサトと沖縄のグループ』―平和の島そして東日本大震災―

五　月・市長選挙「公開質問状」提出（川口・さいたま市）

八　月・超党派議員派参加・国会院内シンポジウム（埼玉から九名参加）

九　月・さいたま市議会の各会派まわり（自民・改革・公明・民主・共産）

十　月・県教育局との話し合い（夜間中学『共同開設方式』提案）

十一月・「作る会・自主夜間中学、二十八周年集会」、第二部「学びについてのシンポジウムと歌」

十二月・松戸自主夜間中学『北斗祭』、川口自主夜中から二名参加

二〇一四年

一　月・夜間中学『連合作品展』（八王子）、川口自主夜中からも作品を出展

・夜間中学校統廃合を考える「横浜緊急集会」、埼玉から二名参加

三　月・県教育局市町村支援部との話し合い

四　月・夜間中学等義務教育拡充議員連盟発足会に埼玉からも出席

五　月・「作る会」への助成について話し合い（コミー株式会社）

八　月・夜間中学等の全国拡充に向けた国会院内シンポジウム。埼玉から二十名が出席

十　月・「作る会・自主夜間中学、二十九周年集会」、第二部「数字のパズル」（谷口彰男先生）

十一月・自主夜間中学「芋ほり会」東松山の遠藤さん（スタッフ）宅　生徒・スタッフ二十三名参加

・江東区に夜間中学をつくる会・総会、埼玉から一名出席

・「第六十回全国夜間中学校研究大会」（作る会から一名参加）

十二月・埼玉県教育委員会との話し合い、「作る会」から三名出席

二〇一五年

一　月・自主夜中「新年会」、参加者四十人

・都夜中研『連合作品展』、自主夜中からも作品を出展

・作る会・自主夜中『もちつき大会』、（江藤さん宅、参加者二十人）

二　月・「松戸市に夜間中学校をつくる会・臨時総会」、作る会から一名出席

三　月・埼玉県教育委員会との話し合い（国政レベルの立法化の動き

等について）参加者三名
・さいたま市教育委員会との話し合い、作る会から三名出席
・自主夜中『卒業の会』（卒業生三名）
・国会議員への視察要請行動（馳浩会長他八名）、四名で行動（含む「全夜中研」須田先生）

四　月・自主夜間中学「全体会」（七日）
・自主夜間中学「全体会」（二十一日・二十八日　第二・三回）

五　月・西田実仁参議院議員、川口自主夜間中学「視察と意見交換」（栄町公民館）
・川口市教育委員会との交渉（会員・スタッフ七名出席）

六　月・「六・四今国会での義務教育未修了者のための法成立を期す」国会院内集会、埼玉から十四名が参加
・超党派議員連盟（十三名）、川口自主夜間中学「視察と意見交換会」（かわぐち市民パートナーステーション）

七　月・立石県議会議員（自民党）との面談、萩原県議と作る会二名出席
・蕨市の頼高市長との面談、作る会から二名出席
・議員連盟「立法チーム・第五回勉強会」（衆議院第一議員会館）
・「全夜中研」陪席に、埼玉から二名臨席
・県教育局市町村支援部との話し合い、作る会から四名出席

八　月・「フリースクール」「夜間中学」議員連盟『合同総会』（衆議院第二議員会館）「全夜中研」陪席に、埼玉から二名臨席（十一日）
・議員連盟「立法チーム・第九回勉強会」（衆議院第一議員会館）「全夜中研」陪席に、埼玉から一名臨席（十八日）
・議員連盟「立法チーム・第十回勉強会」（衆議院第一議員会館）「全夜中研」陪席に、埼玉から二名臨席（二十一日）
・議員連盟「立法チーム・第十一回勉強会」（衆議院第一議員会館）「全夜中研」陪席に、埼玉から二名臨席（二十七日）
・「第三十四回夜間中学増設運動全国交流集会」（愛知県蒲郡）、埼玉から一名参加

九　月・フリースクール・夜間中学「議員連盟・合同総会」（衆議院第二議員会館）「全夜中研」陪席に、埼玉から二名臨席（二日）
・映画『こんばんは』上映会（草加市谷塚文化センターホール）、三十周年集会チラシ二〇〇枚を持参
・フリースクール・夜間中学「議員連盟・合同総会」（衆議院第一議員会館）「全夜中研」陪席に、埼玉から二名臨席（十五日）
・県議会会派「無所属県民会議」との面談（岡幹事長と醍醐議員が対応）、民主党山川団長と作る会一名出席

十　月・「やめよう、東京に頼るのは!!」埼玉の夜間中学運動三十周年集会（十七日）
・馳浩文部科学大臣講演（一三〇名参加）

このほかの主なことがら

- 「定例会議」（月に一回）、事務局体制をとっているので、『事務局会議』として実施
- 月例署名・駅頭宣伝活動（ＪＲ浦和・大宮・川口駅）
- 機関紙『銀河通信』を、不定期に発行
- 自主夜間中学は週二回・火曜日と金曜日に開設、（年末年始を除いて、一年中開設）
- 自主夜間中学の『スタッフ会議』（月末の火曜日と金曜日に開催）
- 一年を通して、生徒・講師希望者、見学者・取材多数あり

あとがき

川口自主夜間中学と設立運動の三十周年誌を出さないかとの声をかけてもらったのが、昨年の十月十七日の『三十周年集会』の少し前だった。発行の目標が二〇一六年五月というのが期間の関係で気になったが、スタッフ会議や事務局会議での議論を経てお願いしようということになった。

実質的な準備に入ったのは『三十周年集会』を終えた後で、それも集会の残務整理や自主夜間中学の運営の合間を縫っての作業にならざるを得ない。これまでにすでに発表されていて編集の中に取り込めるものについては、活かしていく方向で原稿の依頼にかかった。

一番やきもきしたのは、二〇一五年九月に、第一八九通常国会での成立が断念となった教育機会均等法案が、集会後に開かれるはずの臨時国会がなくなって、年明け早々の第一九〇通常国会へ持ち越しとなったことだ。成りゆきの見通せないなかで、「設立と展望」をどのように展開していくか悩んだ。とにかく、超党派フリースクール議員連盟と夜間中学等義務教育拡充議員連盟との合同による立法チームの進捗を見据えながらまとめていくしかなかった。

法案成立に向けた国会を取り巻く情勢も、本の構成をどうするかについても行ったり来たりの感があった。しかし、事務局やスタッフの協力を得て何とかこうして発行の運びとなった。

今回このような機会をいただいたことによって、文集「胎動」を通して、三十年間の、その時々の生徒たちの存在に光をあてることができた。私自身も、昭和五十一年に書いた卒業論文中の「夜間中学の歴史」について、四十年の『空白』を埋める作業を行なうことができたのである。

議員立法は継続審議の形で可能性を残しているが、次期国会に希望を託しつつも、予断を許さない状況の中にある。引き続き推移を見守りながら、自主夜間中学の充実と設立の実現に向けてまい進するしか道はない。そして、この書が県民・市民への夜間中学に対する理解、ひいては行政や議会関係者への認識を深めてもらう一助になれば幸いである。

末尾になるが、巻頭詩について助言をいただいた詩人の石毛拓郎さん、原稿の整理・編集にご苦労された東京シューレ出版の小野利和さんに、心から感謝申し上げる。

二〇一六年七月

埼玉に夜間中学を作る会・川口自主夜間中学　三十周年誌刊行委員会
委員長　野川義秋
金子和夫／小松司／小倉光雄／遠藤芳男／長島美香子

月明かりの学舎から

川口自主夜間中学と設立運動三十年の歩み

埼玉に夜間中学を作る会・川口自主夜間中学三十周年誌刊行委員会　編

連　絡　先　埼玉に夜間中学を作る会・川口自主夜間中学　事務局
〒332-0001
埼玉県川口市朝日 2-1-18-419
小松 司 方
TEL・FAX　048-225-0515

発　行　日　2016 年 8 月 25 日 初版発行
発　行　人　小野 利和
発　行　所　東京シューレ出版
〒136-0072
東京都江東区大島 7 - 12 - 22 - 713
TEL ／ FAX　03-5875-4465
ホームページ　http//mediashure.com
E-mail　info@mediashure.com

D　T　P　髙橋 貞恩（イヌヲ企画）　平井 渚
装　　画　小池 拓
印刷／製本　モリモト印刷

定価はカバーに印刷してあります。
ISBN　978-4-903192-31-4 c0036